「機械学習・AI」のための
データの自己組織化

「大きなデータ」を「小さなデータの集まり」にして考える

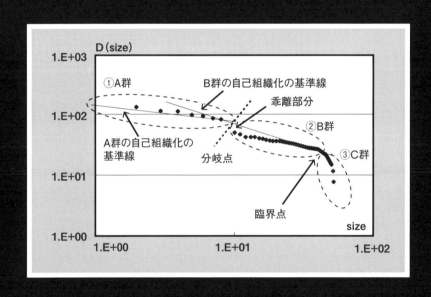

はじめに

　本書のタイトルにある「自己組織化」というのは、なかなかイメージが掴めないのではないでしょうか。

　これから学び始める方は、「自己組織化」とは、たとえば「手に傷を負った場合に、ある程度放っても治り、また元の状態に戻る現象」をイメージして頂ければよいと思います。

＊

　本書を執筆する動機の1つに、「ビッグデータの解析」があります。

　2014年に総務省が「ICT (情報通信技術) 社会」「知識情報社会」を目指すため、『「新たな情報通信技術戦略(IT戦略)の在り方」について』を公開しました。

　その中に「次世代AI」の方向性を探るキーワードとして「脳科学に基づく人工知能技術」があり、それらを支える1つとして、「ビッグデータ」が欠かせないと記されています。

　今までに、いくつかの「機械学習・AI」についての書籍を刊行させていただきましたが、共通して「自前のパソコンで解く」ことにこだわり続けています。

　お金を掛け、「高性能なコンピュータ」や「特定の優秀な技術者」を使うことは、「地方企業」や「先端技術を学ぼうとする個人」には、経済力あるいは技術力的に高いハードルがあり、また、初学者ゆえに、お金や時間の投資を判断するのは困難です。

　そこで、「自己組織化」というアプローチなら、家庭用のパソコンで「ビッグデータ」とは行かないまでも、「かなりの大型データ」の解析に対応できるのではないかと考え続け、本書を作るに至りました。

＊

　本書の内容は、Excelを使って「自己組織化」することに特化させています。

　そのため、「機械学習・AI」への展開の詳細はデータの作成方法の一部のみ記載していますが、そこから先は、本書で紹介する図書に詳しく使い方があるので、そちらを参考にしてください。

和田　尚之

「機械学習・AI」のための データの自己組織化

CONTENTS

はじめに ……………………………………………………………………………… 3

「機械学習・AI」もトライしたい方のために ………………………………… 6

第1章　「機械学習・AI」のイメージ

[1-1]　大型データを「機械学習・AI」で解くために ……………………………… 7
[1-2]　「機械学習・AI」の全体的なイメージ ……………………………………… 8
[1-3]　さらに「次のステップ」を目指したい方へ ……………………………… 10

第2章　データを「場」として捉える

[2-1]　「場」とは …………………………………………………………………… 12
[2-2]　具体的な数理学での「場」(field) ………………………………………… 14

第3章　「自己組織化」の基礎

[3-1]　あいまいな状態を測る道具「隠れた次元」 ……………………………… 24
[3-2]　「群の破れ」という考え方 ………………………………………………… 35
[3-3]　「ハウスドルフ次元外測度」という考え方 ……………………………… 42
[3-4]　ナスカの地上絵をAIで解く ……………………………………………… 50

第4章　時間に依存しない「場」のモデルケース

[4-1]　街道のモデルケース「佇まい」を考える ………………………………… 61
[4-2]　峠のモデルケース「あやうい」を考える ………………………………… 74

第5章　時間に依存する「場の風景」のモデルケース

[5-1]　商いの風景（商店の売り上げのモデルケース） ………………………… 89
[5-2]　路の風景（人の脳波を使った景観のモデルケース）「ふうけい」を考える ‥‥ 101
[5-3]　「ハイリスク＆ハイリターン」を四分位数で解く ……………………… 112

第6章　「自己組織化」のための「多変数の合成理論」

[6-1]　「時間依存」と「時間非依存」 …………………………………………… 119
[6-2]　時間に依存しない状態（Biplotの理論） ………………………………… 120
[6-3]　固有値問題（固有値、固有ベクトル、固有値分解、特異値分解） ……… 145
[6-4]　時間に依存する状態（Kalman Filterの理論） …………………………… 148
[6-5]　群の臨界点を求める「自己相関関数」 …………………………………… 159

索引 ………………………………………………………………………………… 166

「機械学習・AI」もトライしたい方のために

　本書に出てくる「機械学習・AI」を使った計算には、パッケージ型でプログラミングが不要でクリックだけで使える「Weka」と、Excelに標準装備されているVBAを使っています。

Weka：2022年1月にWeka-3-8-6（安定版）と3-9-6（開発者用版）が公開（リリース）されており、直接画像をデータとして扱う部分以外は、使い方は同じです。

　　※ただし、Projection Plotはなくなりました。

Excel標準装備のVBA：本書のプログラムは6章に記載の他、工学社サポートページからダウンロードできます。

＜工学社ホームページ＞

https://www.kohgakusha.co.jp/support.html

　ダウンロードしたファイルを展開するには、下記のパスワードが必要です。
　すべて半角で、大文字小文字を間違えないように入力してください。

Y7vEq3

　すべて「半角」で、「大文字」「小文字」を間違えないように入力してください。

　また、工学社からの書籍も、合わせて参考にしてください。

・機械学習コレクション Weka入門、工学社、2019.8.30.
　これからWekaを使っていきたいという方にお勧め。

・「機械学習」と「AI」のはなし、工学社、2020.9.25.
　自前のパソコンでクラウドコンピューターを使わずに、画像処理、音声処理、言語処理、解析の視覚化処理などをしたいという方向け。

・実務のための「機械学習」と「AI」（工学社、2021）
　実務でデータの構造や数値・文字データ処理をモデルケースで学びたい方向け。

　本書での「大型データ」とは、Excelで扱える範囲でのデータを指します。
　スマホの位置情報やGPS情報という数百万の「ビッグデータ」とは異なります。
　「Excelでデータを自己組織化→部分組織を分けて機械学習・AIに入れる」という2段階の方法を用いるため、Excelで扱える範囲内の「大きなデータ」という意味になります。

第1章

「機械学習・AI」のイメージ

ここでは、まず、「機械学習・AI」のイメージと、その問題点を説明し、
本書のメインテーマ「自己組織化」と、本書で何を学べるのかについて解説します。

1-1 大型データを「機械学習・AI」で解くために

市販のパソコンで大型データを解くことは、無謀とも思われる挑戦です。

しかし、本書を丁寧に読み返し、解説を割愛している基礎部分は、参考文献やWebなどで調べることで、最後には「大型データを機械学習・AIで解く」ことに到達できるように構成しています。

理解を確実にし、どうしても避けては通れない数学的な部分は解説しますが、できる限り数学一辺倒にならず、自分のパソコンで本書を見ながら練習ができるようにしました。

本書を通じて学べるのは「数学、プログラミング」がどんどんできる、というものではなく、「無償のソフトウェアとExcelを使って、簡単に自己組織化ができる」ことを目指しています。

1-2 「機械学習・AI」の全体的なイメージ

機械学習やAIが、「データ入力」から「最終評価を下すまで」のイメージを、図1-1に示します。

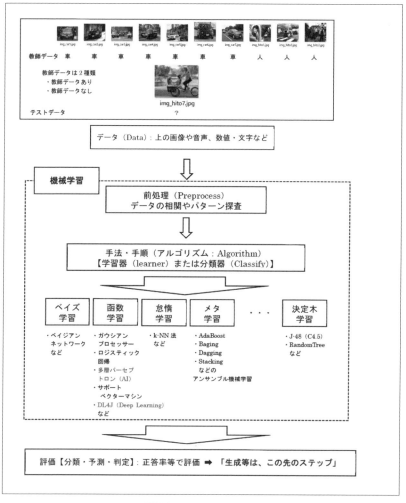

図1-1　機械学習やAIの全体的なイメージ

AIは、広く括れば機械学習の中に入りますが、本来は人の脳を模倣したモデルをもとに作られたのが「ニューラル・ネットワーク」（Neural Network）で、

今ではさまざまなモデルの研究や技術開発が行なわれています。

＊

また、データを取り込んでいく際には、次のような過程を経ています。

たとえば、**図1-2**にある手書き文字の「5」を例にすると、「空白＝0」「グレー＝1」のように、プログラムの最初の段階で定義します。

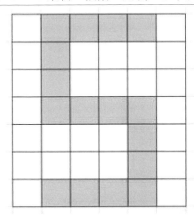

（横の1行目）0 1 1 1 1 0（横の2行目）0 1 0 0 0 0 ……

図1-2　画像データ等のデータの機械学習・AIでの読み込み

図1-2といったデータは、「画素」(Pixcel)という単位をもちます。

上の場合は「横7行×縦6列＝42画素」という大きさになります。

つまり、「データ数が大きい」、あるいは「高解像度の画像が数万枚」というデータ量になれば、データそのものが膨大化し。通常の市販のパソコンが内蔵している「CPU」(Cerntral Processing Unit)では処理できなくなります。

その場合、「GPU」(Graphic Processing Unit)という並列処理型の演算装置を増設するか、最初から大型コンピュータを使うか、あるいはクラウドコンピュータを有償で使う、ということが余儀なくされます。

■データの「自己組織化」

そこで、次の図1-3のように考えることで、「大きなデータ」を「小さなデータの集まり」にして考えるのが、「自己組織化を使う」という発想です。

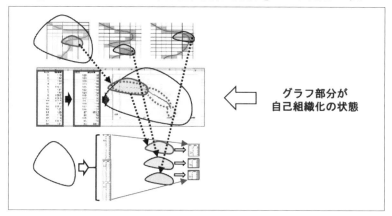

グラフ部分が
自己組織化の状態

図1-3 自己組織化を使って機械学習・AIで解析をするためのデータ再編の考え方

1-3 さらに「次のステップ」を目指したい方へ

現在では、データを取得し、機械学習・AIによって「評価」まで行くと、それらの学習で得たデータを「ピカソ風の絵画」、「モーツアルト風の新しい音楽」、「夏目漱石風の新しい文学」などへの創作の応用や、「車」「ロボット」「住宅設備」などへのAIの装備研究や技術開発が進んでいます。

このような学習は、本書で扱っている「既成の機械学習パッケージ」では行なうことはできません。

図1-4は、主な「機械学習・AI」のツールの一部ですが、もちろんこの他にも、「C++」「C#」「R」「Java」「Python」などのコンピュータ言語のほか、「Matlab」「Watson」などの有償のソフトウェアがあります。

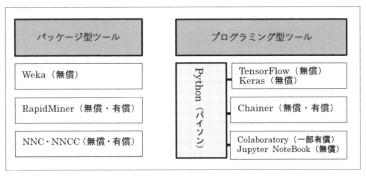

図1-4　主な「機械学習・AI」ツール

　特に、「生成」などを目指していきたい方は、やはりプログラミングは避けて通れないので、そのための学習は必須になってきます。

　ただ、情報通信機器やロボット製作などの専門分野以外でも、「自らプログラミングはできないけど、研究論文の作成や応用分野で「機械学習・AI」を使いたい」という方は、**図1-4**の範囲でも充分可能です。

　じっくり「自分は何を目指したいのか」をしっかり考えれば、けっこう身近で無償のソフトウェアは多く存在しています。

　また、これらの「機械学習・AI」のソフトウェアと合わせて使っていきたいものに、画像処理では「ImageJ・ImageFiji」、音声処理では「Wavesurfer」が特によく知られています。
　いずれも無償で、安全・安心なソフトウェアです。

【 参考文献・資料 】

01：AI戦略2019【概要】，内閣府政策統括官（科学技術・イノベーション担当），
　　令和元年7月9日．
02：情報通信審議会 情報通信技術分科会 技術戦略委員会 第2次中間報告書（案），
　　技術戦略委員会，平成26年12月18日付け諮問第22号「新たな情報通信
　　技術戦略の在り方」について．
03：02の分冊，「次世代人工知能推進戦略」，情報通信審議会 情報通信技術分
　　科会 技術戦略委員会 第2次中間報告書（案）別冊2 **第4章 分野別の推進方
　　策 第2節 次世代人工知能分野の推進方策**．

第2章

データを「場」として捉える

ここでは、「自己組織化」を考える上での助けとなる「場」について解説します。
「自己組織化」の応用で「機械学習・AI」を考えたい方は、ざっとで構わないので、目を通すことをお勧めします。

2-1 「場」とは

「場」と言う用語は、「物理学」「数理学」の世界では頻繁に出てきます。

「場」というのは、一般的に空間のさまざまな「点」(座標で定義します) での物理量のことを指します。
ポテンシャル方程式の「重力場」、電磁気学のマクスウェル方程式の「電磁場」、ナビエ・ストークス方程式による「流れ場」などの古典力学の「場」です。

「場」は視覚的に図示 (ポジショニング or マッピング) ができる所に大きな利点があります。

＊

また、アインシュタイン方程式による一般相対性理論の「場」や、粒子レベルでの量子論の「スカラー場」(Scalar field)、「ベクトル場」(Vector field)、「テンソル場」(Tensor field)、「ディラック場」(Dirac field)、「スピノル場」(Spinor field：素粒子物理学) などがあります。

これらは、その「場」を満たすものが「運動方程式」(Equation of motion)、あるいは「場」を支配しているので「支配方程式」(Governing equation) とも呼ばれています。

こうした「場」に変化を与えるものが「場の作用」と呼ばれるもので、運動方程

式に「初期条件」や「境界条件」が与えられて、「場の変化」を知ることができます。

　このように、ある現象や事象の原因となる入力値から、それらの作用の結果である出力を求める方法を「順問題」（Direct problem）と呼び、逆に結果のある状態から入力との関係性を推定する方法を「逆問題」（Inverse problem）と言います。

　学習データから、「あるルールを機械学習」し、それらをもとに対象のデータを分類、予測、判定などの評価を下すという方法も、広い意味では「逆問題」と言えます。

　既に、その「場」を支配する方程式が既知であれば、何も学習データから機械学習させる必要がなく、そのまま解を求めればそれで終わりなのです。

＊

　しかしながら、「医療分野」「建設分野」「経済分野」「市場分野」などの現実の世界では、必ずしも解きたい対象がきちっとした方程式をもっていて、必ず解けるということは、むしろ「まれである」ことがほとんどと言えます。

　運動方程式（あるいは支配方程式）が未知であるため、結果として学習データを多く集め、それらによって解くということになりますが、当然データ量が多くなるほどビッグデータ化していき、気が付けば、自前のパソコンでは解けないというジレンマに遭遇することなります。

＊

　本書は、こうしたことを踏まえて、「自己組織化」による手法を用いることで、自前のパソコンで解く方法を提唱するために、どうしても、きちんと「場」のイメージを掴む必要があり、「大きな群の場、小さな群の場」のイメージを掴みやすくするために、「データを場」として考える方法を解説していきます。

　ただし、深く理解する必要はないので、ざっと目を通す程度でかまいません。

2-2 具体的な数理学での「場」(field)

この節では、実際に数理学の分野で、さまざまな問題をコンピューターで解くための手法の一部を紹介します。

■「拡散」のモデル化

具体的な例として、河川での「ある物質の濃度」が上流から入り込み、下流部で出ていく過程での「濃度が移流して拡散していく状態」を解くための最初のイメージのモデル化を、**図2-1**に示します。

実際には、これらの現象の運動方程式(場を支配する支配方適式)は微分方程式で表示されており、それらにイメージモデルを考えながら「初期条件」「境界条件」を当てはめていき、場の作用の過程を定式化していきます。

定式化が終われば、あとはプログラミングを行ない、計算させて結果を検証すれば終わりです。

この微分方程式を展開していく手法には、「差分法」(Finite Difference Method：FDM)、「有限要素法」(Finite Element Method：FEM)、「境界要素法」(Boundary Element Method：BEM)などがあります。

しかし、定式化の過程は、数学のベクトル解析学の知識が不可欠なので、「難解さ」は否めません。
この節では、さまざまなデータを扱っていく上で、「このようなものもある」という程度で、飛ばし読みをして次節以降へ行なっても構いません。

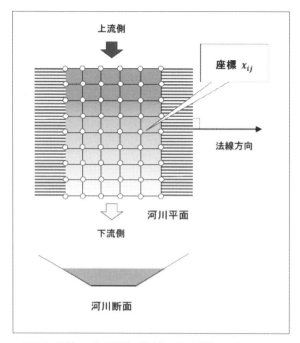

図2-1　河川でのある物質の濃度等の移流拡散する際のモデル

　図の河川の中を任意の大きさの「格子」(メッシュ)で表わします。
　河川平面図の上側が「上流部」で下側が「下流側」です。

　左右両岸は護岸があり、基本的には河川の中の「ある物質」は護岸への浸透は
ないものとして考えます。
　護岸の方向は河川に対して法線方向(90°の方向)です。

■積分方程式法による非定常移流拡散問題

　参考例として、「2次元の非定常移流拡散問題」の定式化の流れを紹介します。

　定式化は現在は多くの参考書が刊行されているので、さらに勉強をしたい方は参考文献をご覧ください(**参考文献**1-6)。

　下の図は解析対象を一般化したモデル図です。解析対象領域を「Ω」、その境界を「Γ」として、外向きの法線ベクトルを「n」としています。

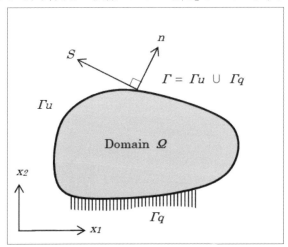

図2-2　解析対象のモデル化の際に使われる一般化した解析対象領域と境界

　この領域をメッシュ化したものが、**図2-1**の河川の格子部分です。

　縦線部分が護岸、その境界が「Γq」で、自然境界条件(Neumann型境界)と呼びます。

　縦線のない部分が、「Γu」で「基本境界条件」(Dirichlet型境界)と言います。

　いわゆる**図2-1**の「河川上流」と「河川下流」部分で、「ある物質の濃度」が入ってくる所と、出ていく所がその境界になります。

　式の表記には「Einsteinの総和規約」を用いています。

　これは式の展開が容易になるという利点があります。

●支配方程式

$$\dot{u} + v_i u_{,i} - k u_{,ii} = 0 \qquad (in\,\Omega) \tag{01}$$

u：濃度，　k：拡散係数，　vi：流速成分

$(\ )_{,i} = \dfrac{\partial}{\partial x_i}$ 、　$\dot{u}$: uについての時間微分

●初期条件

$$u_{(x,t)} = u_{0(x,t_0)} \qquad (in\,\Omega) \tag{02}$$

●境界条件

・基本境界条件（Dirichlet型境界）

$$u_{(x,t)} = \hat{u}_{(x,t)} \qquad (on\,\Gamma_u) \tag{03}$$

・自然境界条件（Neumann型境界）

$$q_{(x,t)} \equiv -k u_{,n} = \hat{q}_{(x,t)} \qquad (on\,\Gamma_q) \tag{04}$$

●積分方程式表現と基本解

・基本解への誘導

　積分方程式表現を得るために、支配方程式に対する重み付き残差表現を考えます。

　支配方程式の微分作用素とその作用素に伴う随伴作用素を、それぞれ L(u)、L*(u) と選べば、

$$\mathcal{L}(u) = \dot{u} + v_i u_{,i} - k u_{,ii} \qquad (u_{(x,t)}) \tag{05}$$

$$\mathcal{L}^*(\omega) = -\dot{\omega} - v_i \omega_{,i} - k \omega_{,ii} \qquad (\omega_{(x,t)}) \tag{06}$$

と、表現できます。

ここで、L*(ω) は自己随伴問題（L = L*）として考えているので、「u」と「ω」の方程式の解を「u」「ω^*」と選び、重み関数を$\omega^*_{(x,t)}$とすると、支配方程式は重み付き残差方程式として次のように表現できます。

$$\int_{t_0}^{\tau}\iint_{\Omega}\left(\dot{u}+v_i u_{,i}-ku_{,ii}\right)\omega^* d\Omega dt = 0 \tag{07}$$

途中の計算過程は、部分積分とGaussの発散定理を数回行ない、境界条件を導入し、支配方程式の逆形式にすることで、領域上の問題を境界上の問題に変換することができます。

さらに、基本解は、重み関数ω^*を満足する微分方程式を次のように与えます。

$$\mathcal{L}\omega^*_{(x,t;\xi,\tau)} \equiv \delta\left(x-\xi\right)\delta\left(t-\tau\right) \tag{08}$$

この微分方程式を満足するものが基本解であり、これを「Fourier積分変換」することで、次の式が得られます。

$$\omega^*_{(x,t;\xi,\tau)}=\left\{\frac{1}{2\sqrt{k\pi\left(\tau-t\right)}}\right\}^d exp\left\{-\frac{r^2}{4k\left(\tau-t\right)}\right\}\mathcal{H}\left(\tau-t\right) \tag{09}$$

ここで、「L」は微分作用素マトリクスであり、$r=x_i-\xi_i$ で、任意の空間への$x_i=\xi_i$からの距離です。

「δ」は「DiracのDelta関数」で、「d」は次元数を表しています。

そして、最後の「$\mathcal{H}(\tau-t)$」は「Heaviside step関数」です。

(09) 式は、さらにDelta関数について特異点の極限操作を行ない、初期条件を考慮して形状係数を導入して境界積分方程式まで展開をしていきます。

最終的には、誘導された境界積分方程式から影響係数を境界項と領域項について求めて定式化まで求めます。

このように展開していくと、「やっぱり数学が難し過ぎる」と感じる方が多いのではないでしょうか。

このような数理モデル式は、どうしても微分方程式が出てくるので、ベクトル解析学の知識が必要になりますが、一度、定式化まで展開しプログラミングにさえもっていけば、後は解析対象モデルのメッシュ化の「座標設定」「初期条件」「境界条件」を入れれば、対象の領域形状が異なろうとも、いくらでも解析を行なうことができます。

現在では、こうした定式化をせずとも、既成のパッケージソフトウェアが多く出回っており、使い方も丁寧に解説されているものが多いようです。

ただ、有償であり、そもそもこうした「場の方程式」に対する基礎知識がないと意外と難しいのではないかと思います。

参考までに、実際にプログラムを作り、解析した結果を**図2-3**に示しておきます。

プログラムの行数(Step数)は約800で、1980年代に計算したものですが、当時のパソコンで約56時間計算時間が掛かっています。現在では考えられないくらい時間が掛かっています。

また、**図2-3**の左が時間変化を右がペクレ数を入れた結果で「Pe＝3」のときに定常状態になっているのが分かります。

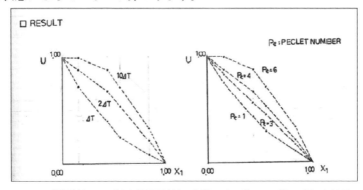

図2-3　解析対象のモデルを境界要素法で実際にプログラミングして解いた結果
(注：ペクレ数(Péclet number)：「Pe＝移流速度／拡散速度」の比の無次元数)

■参考例を機械学習・AIで学習させるには

少々難しい式が出てきて、「ギブアップ」とならないために、機械学習やAIで、先の問題を解く方法を解説しておきたいと思います。

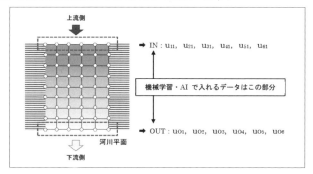

図2-4 解析対象のモデルを機械学習・AIで解くためのデータの取得範囲

機械学習、AIで入れるデータ部分は、**図2-4**の「上流側」1行と「下流側」1行ぶんだけです。

プログラミングによる**図2-1**のように、メッシュを設定し、各格子点の座標を定義しなくても構いません。

次に、「河川のモデル」を「湖沼のモデル」に変えた具体的なデータの入れ方を示します。

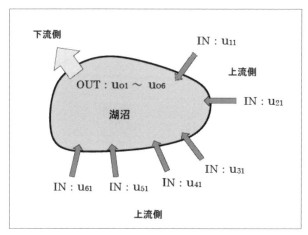

図2-5 解析対象のモデルを「河川」から「湖沼」へ置き換えたモデル

国内には多くの河川以外に湖沼が存在しています。

近年は地球温暖化の影響を受けて河川では河川氾濫等の堤防決壊等の災害が多発しています。

河川のモデルケースの場合では、「何らかの負荷を与える物質の濃度」ではなく、「河川の流量・流速」によって「河川災害の危険度」を判定するツールになります。

また、**図2-5**のように「湖沼のモデル」に転用することを考えれば、入力するための取得データは、湖水が物質、熱などのエネルギー、生物等を移動させる媒体であることを考えると、湖沼環境形成に湖水流動は重要な要因になっています(**参考文献07**)。

このため、湖沼モデルでは、水環境へ大きな影響を与え水質障害となる「貧酸素化」、「富栄養化」を測る「水温、色度、透視度、透明度、pH、DO(溶存酸素)、BOD(生物化学的酸素要求量)、COD(化学的酸素要求量)、SS(浮遊物質)、大腸菌群数、総窒素(TN)、総リン(TP)、亜鉛、(汽水湖などは)n−ヘキサン抽出物質、重金属類有機塩素化合物、農薬など」があります。

しかし、すべてを調べるのは時間や経費の問題があるので、対象湖沼と最も影響が大きいものをいくつかピックアップして機械学習させることを考えましょう。

表1-1 解析対象の「湖沼」モデルのデータ

	A	B	C	D	E	F	G	H	I	J	K	L	M	N
1	時期	u11_BOD	u21_BOD	u31_BOD	u41_BOD	u51_BOD	u61_BOD	uo1	uo2	uo3	uo4	uo5	uo6	汚染度
2	t1	1	2	2	3	2	1	1	2	1	1	2	1	Level_2
3	t2	1	2	1	1	1	1	1	2	1	1	2	1	Level_1
4	t3	3	4	4	4	3	2	1	2	3	4	4	3	Level_4
5	t4	2	2	3	3	2	2	3	2	3	2	1	3	Level_3
6	t5	2	3	2	2	1	1	2	2	3	3	2	1	Level_2
7	t6	3	2	3	5	3	3	4	3	4	5	4		Level_5
8	t7	2	2	3	2	3	3	1	2	3	3	2	2	?

IN:湖沼流入部分　　　　　OUT:湖沼流出部分

観測時期
(任意の一定区間)

予測したい部分
(半角英数入力)

　モデルケースでは、例えば1週間単位や1か月単位などのように一定区間での計測期間で、入力したINとOUTの数値は「5段階尺度」を使っていますが、これは実測値でも構いません。

　INとOUTは便宜上図2-4の河川モデルに対応した左右並べのデータ数ですが、これはIN側が各1か所でOUT側1か所でもできます。

　表の右側の列は、教師データとして「Level_1〜5まで」を入れていますが、表1-1のBからG列までを入力データとして、H列にこの教師データとして、湖沼流出側の(例えば)BOD濃度を入れて予測を行なう、ということもできます。

　また、湖沼の水質環境の調査項目を複数入れて、教師データとして代表させたいBOD濃度を1列だけ入れて結果予測を行なうこともできます。
　ここでは触れませんが、複数の調査項目を入力データにして教師データで汚染度判定すれば、決定木や予測評価もできます。

　最後に、図2-6に「Weka」を使った機械学習、AIの解析結果を掲載します。

　予測結果は「t7の部分 ➡ Level_2の汚染度」に下がっていることが分かります。
　正答率は、学習データ数がかなり少ないので「0.69(最大値は1)」でした。

　計算時間は「0.03秒」です。
　800行のプログラムを組んだ昔に比べ、圧倒的に進歩していることが分かります。

図2-6　Wekaを使った機械学習・AIの解析結果

　上の**図2-6**の「Weka」を使ってみたい方は、**参考文献08**を、日本語データを使って計算をさせたい方は**参考文献09**のp.21を、また、その他の数値・文字データの混在型データやその他のWekaのアルゴリズムをトライしたい方は**参考文献10**をお読みください。

【**参考文献・資料**】

01：登坂宣好・中山 司，境界要素法の基礎，日科技連，1987.4.3.

02：登坂宣好（共著），境界要素法の理論と応用，境界要素法研究会編，コロナ社，s61.3.10.

03：登坂宣好（共著），境界要素法の応用，境界要素法研究会編，コロナ社，s62.11.10.

04：C.A.Brebbia他（田中正隆訳），境界要素解析－理論と応用，丸善，s59.9.30.

05：C.A.Brebbia編（田中正隆監訳），境界要素解析の応用・1，企画センター，s58.7.5.

06：C.A.Brebbia編（田中正隆監訳），境界要素解析の応用・2，企画センター，s58.12.10.

07：国土交通省湖沼技術研究会，湖沼における水理・水質管理の技術，平成19年3月．

08：和田尚之，工学社，機械学習コレクションWeka入門，2019.8.30.

09：和田尚之，工学社，「機械学習」と「AI」のはなし，2020.9.25.

10：和田尚之，工学社，実務のための「機械学習」と「AI」，2021.5.30.

「自己組織化」の基礎

ここでは、自己組織化を行なう際に知っておきたい基礎的な事項について、解説します。

また、「あいまい」な状態を自己組織化としてモデル化するために必要となる「対象を測る道具である隠れた次元」についての考え方を示していきます。

3-1 あいまいな状態を測る道具「隠れた次元」

改めて述べるまでもなく、対象を計算していくためには、何らかの数値化を行なう必要があり、この数値化に必要なものが「次元外測度」という考え方です。

これは、「自己組織化」の基礎理論を形成する「フラクタル幾何学」の中に出てくる重要なキーワードです。

次元を理解するために「隠れた次元」というのは具体的にどのようなものを指すのかについて触れ、次に自己組織化によって形成される「群」について「群の集合」を結ぶ「群の破れ」を解説します。

そして、この章の終わりに「ハウスドルフ次元外測度」という「自己組織化」を考える上でもっとも重要な考え方について解説を行ないます。

*

「次元」という捉え方は、かなり奥が深く、とても興味深いものです。

「空間」という概念は、線である「1次元」(点と点を結んだもの)、「2次元」(線と線で囲われたもの)、「3次元」(面と面で覆われたもの)として、具体的には「長さ」「面積」「体積」などを測り、単位が与えられると、具体的な状態を第三者へ伝えても、イメージはぶれることはありません。

図3-1をご覧ください。

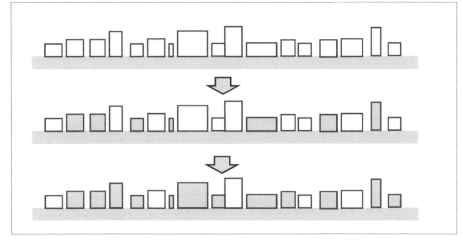

図3-1　ある街並み

　この状態は、いちばん上が「ある街並みの商店街が全部オープン」していたときのもので、その下は、ある程度年月が過ぎて、ところどころ「閉店した商店」が出てきたところです。
　そして、その下はさらに年月が流れ「かなりの店舗が閉店」した状態です。

　白い部分は「営業している店舗」、グレー部分は「店を閉店して営業をもうしていない店舗」です。

　単純に、「建物がある」ということで言えば、街並みは「直線（または線形的）のつながり」をもつ「1次元」として考えることができますが、閉店を考慮して全体を考えたとき、果たしてこの商店街は「1次元」と言えるのでしょうか。

　なんとなく、「1次元よりは、スカスカしている」と感じられるのではないかと思います。
　上の状態を下のようにさらに単純化して見てみましょう。

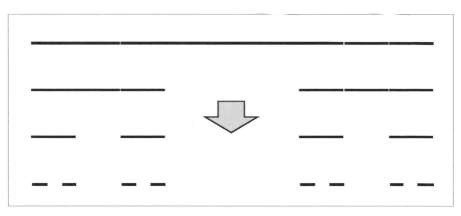

図3-2　カントール集合(Cantor set)

　図3-2はカントール集合(Cantor set)と呼ばれるFractal構造をもつ閉区間[0,1]に存在する実数の集合です。

　1874年に英国の数学者Henry John Stephen Smithによって発見された集合です。
　「線」はしだいに「点(0次元)」へ向けて「スカスカ」していく状態を見て取れます。

　次の**図3-3**は「ある河川」を描いたものです。

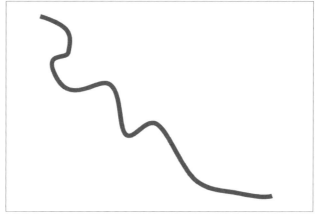

図3-3　ある河川

1つの河川は「始点」と「終点」(海に出る部分)で「線」であることは、否定しませんが、少なくても「点と点をまっすぐに結んだ直線」よりは「複雑そうである」ことは、見て取れます。

先の「商店街の街並み」は「ただの線状とは言えないが、点でもないような」状態でしたが、

この「河川」も、「直線よりは複雑だが、2次元の平面と考えるには、ちょっと…」という「あいまいさ」が存在しています。

このような状態である対象を評価するにはどうすれば良いのでしょうか？

空間の「1次元、2次元、3次元」は、「整数次元」と呼ばれます。

「0次元(点)とまではいかないが、1次元の線よりはスカスカ」であり、「点と点を結んだ直線の1次元よりは複雑だが、2次元の面とまでは言えない」のであれば、整数ではない「非整数」の次元があれば、この「あいまいさ」を測ることができます。
これが、「非整数次元」(小数次元)と呼ばれるもので、具体的には「0.4次元」、「1,3次元」、「2.5次元」などです。

*

このような構造をもつものに、「フラクタル」(Fractal)があります。
集合という視点では「フラクタル集合」として数学の幾何学で、厳密に定義されています(**参考文献02**)。

次元には、「1次元、2次元、3次元」などのように、整数で表される次元がもっとも一般的で馴染みのあるものです。

そして、この整数次元の拡張として「1.2次元、2.3次元、…」などのような「非整数次元」(少数次元)があります。
簡単に概説しましょう。

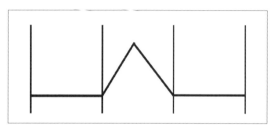

図3-4　Koch曲線

　上の**図3-4**は、横の線を3等分し、4個の部位(セグメント：segment)に分けてある図形です。

　これは線分によって構成されていますが、「koch曲線」と呼ばれる図形です。これを対数で表わすと、「Fractal次元」(Fd)という小数次元が求められます。

$$Fd = \log_3 4 = 1.2618\ldots$$

　等分した領域が「3」で部位が「4」なので、「3を底とした4の対数」で表記できます。

　その対数を計算した結果が「1.2618…」です。

　これは、Excelで「=log(4,3)」と入れて計算することができます。

　つまり、**図3-4**のKoch曲線の「次元は1.26… 次元」という小数次元になりました。

　この分割を限りなく行なっていくと、下のような曲線になっていきます。

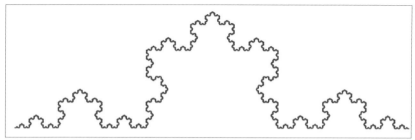

図3-5　Koch曲線の連続化(参考文献02)

　また、2次元と3次元の間には、立体の中を孔だらけにした「メンガーのスポ

ンジ」(Menger Sponge) というものがよく知られていますが、比較的目にしやすいものに「送電線の鉄塔」があります。

鉄骨の部材でスカスカな面で立体に構成されたものですが、どちらかというと1次元と2次元の間のものを組み合わせて立体化したと考えるとイメージがしやすいと思います。

■街の過疎化を測る参考例

参考までに、応用として「地域の過疎化の数値指標」を作ることを考えましょう。

*

2020年は「国勢調査の年」でした。過疎の状態を数値指標化するために、「長野県 平成27年国勢調査 人口等基本集計結果(人口及び世帯数の確定値);長野県公式サイト」からデータを使って「カントール集合化のモデル」にトライしてみましょう。

計算方法は次項の河川のモデルと同じ Excel で簡単にできます。

長野県 平成27年国勢調査 人口等基本集計結果(人口及び世帯数の確定値)

年次	世帯数	人口	dの自然対数	N(d)の自然対数
	d	N(d)	ln d	ln N(d)
平成 7 年	713,414	2,193,984	13.4778	14.6012
平成 12 年	758,164	2,215,168	13.5387	14.6108
平成 17 年	780,245	2,196,114	13.5674	14.6022
平成 22 年	794,461	2,152,449	13.5854	14.5821
平成 27 年	807,108	2,098,804	13.6012	14.5569

図3-6　長野県の人口・世帯数から過疎化指標のFractal次元を求める
（表の3、4列目は対数計算）

平成7年から平成12年までは、人口と世帯数は増えているのが分かります。

しかし、その後、人口は減少の一途をたどっています。

*

そして、ここから「人口減少はしょうがない…」と単純にはすまないことが、この後の計算で出てきます。

まず、2つのデータ(平成7年と平成12年のように)を表現します。

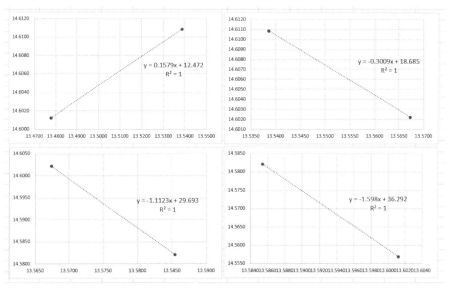

図3-7　長野県の人口・世帯数の過疎化指標のFractal次元
（各グラフは前図の2点を取っただけ）

図3-7の上段左が「平成7-12」、上段右が「平成12-17」、下段左が「平成17-22」、下段右が「平成22-27」です。グラフのそばに近似式が表示されています。

「R^2」は「決定係数」(当てはまりの良さを示す係数)です。

「平成7-12」のFractal次元は、「0.15」(小数第3位以下切り捨て)となり、「平成12-17」では「0.30」です。

ここまでは、「0次元と1次元のはざま」ということが分かります。

今は、係数の傾きを示す±の記号は考えなくてもかまいません。

*

下段からは、「1.11」、そして「1.59」となっています。ここはカントール集合ではありません。

　F「数値が小さいほど単純化し、大きくなると複雑化を示す」というのが、Fractal次元の特徴です。

　「線」よりは「面」、「面」よりは「立体」になるにつれ複雑化するからです。

　ここで、
「人口が減少して人が減っているのに、なぜ複雑なのか？」
という単純な疑問が湧きます。

　もう一度、データを見てみましょう(計算方法は次項と同じです)。

　データからは、人口は確かに平成12年をピークに減っているが、実は世帯数は増えているのです。

　「人口は減っているが、世帯数が増えている」ということは、家屋等で暮らす人の数が核家族化して、家屋に住む人が「3世代で大勢から4人→2人→1人→0人」と減っていると考えると、理解できるのではないかと思います。

　これらは、「子世代の独立」「親と離れた分家化」などによって引き起こされた事も要因の1つであろうと推定できます。

　このような状態であれば、関連して、医療・福祉・介護・移動等でも世帯数が増えるにしたがって「複雑化」していくのではないかと思われます(**参考文献04**)。

■河川の上空から見た形状を測る参考例

次に、下の**図3-8**は、「川の蛇行」の状態を図示したものです。

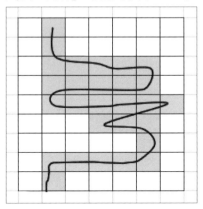

図3-8　川の蛇行への拡張」

この図を見ている限り、「1次元の線よりは複雑」で、「2次元の面とまでは言えない」ことが分かります。

このような「あいまいな情報」をどのように「データ化」するのかを考えると、「データの次元化」で捉える方法があります。

＊

任意の大きさの「正方形」で対象「X」が全体的に入るようにメッシュ化を行ないます。

メッシュの正方形に内包される円の直径をdとして、対象の「くねくね線」が含まれる正方形の数をN個としたときに、次のような式が成立するのが**参考文献03**に示されています。

$$\ln \mathrm{d}(N) = -k_0 \ln d + \ln \mu$$

このときの「k_0」を対象領域「X」の「Fractal次元」と呼んでいます。
「ln」は自然対数です。

図3-8のFractal次元を求めてみたのが図3-9です。

> ※これは、厳密には「Hausdorff次元外測度」と呼んでいます。

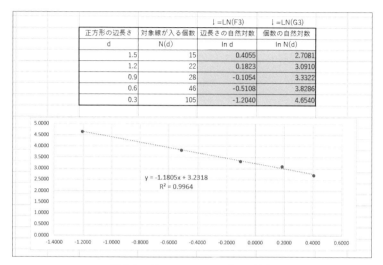

正方形の辺長さ	対象線が入る個数	↓=LN(F3) 辺長さの自然対数	↓=LN(G3) 個数の自然対数
d	N(d)	ln d	ln N(d)
1.5	15	0.4055	2.7081
1.2	22	0.1823	3.0910
0.9	28	-0.1054	3.3322
0.6	46	-0.5108	3.8286
0.3	105	-1.2040	4.6540

y = -1.1805x + 3.2318
R² = 0.9964

図3-9　図3-8のFractal次元の算出
(表の上の↓はExcelで計算するときの関数)

図3-8は「一辺が0.9cmの正方形で、蛇行する線が掛かっている部分が、28個ある」というものです。
その他の「正方形の辺の長さを適宜変えていき、表では5パターン」を作成してあります。

図3-9の中の表の右列の「ln d」と「ln N(d)」の2つを(x,y)座標として考えると、「散布図」が描けます。

この散布図の点を結んだ「回帰線」をExcelで求めたものが下側の図です。
これに線上で右クリックし「近似線」を「直線」として「R^2の決定係数」にチェックを入れ完成です。

図3-9の「回帰線」にある係数「1.1805」が、図形Xにある「くねくね線のFractal次元」になります。

つまり、この**図3-8**の「くねくね線を河川であると考えた場合」には、「この河川の Fractal 次元は 1.18… 次元」ということになります。

これで、「1次元の線よりは複雑だけど、2次元の面よりは単純である」ことが分かりました。

「1.18次元の川」と「1.31次元の川」では、後者が複雑な形状をもつ、ということです。

＊

このように、データ化を行なう際に、「あいまいな図形などの情報」を具体的なデータ化する方法として、「非整数次元の Fractal 次元」を使うことで、あいまいさを数値化することができます（**参考文献04**）。

また「河川」を被覆する格子（メッシュ）はあるサイズの正方形であれば、そのメッシュの大きさは「0.5cm」でも「1cm」でも「2cm」でも同じあれば、どのサイズでも構わないので、あまり神経質にならずに試してください。

＊

この節では、「点（0次元）と線（1次元）の間に隠れた次元」を抽出する方法について解説を行ないました。

「あいまいな状態」をあぶりだすという意味では、とても便利な道具になります。

末尾の補足ですが、エドワード・ホールの「隠れた次元」には、「密接距離」、「個体距離」、「社会距離」、「公衆距離」の4つがあり、主に野鳥などの動物から「人にも、ある距離がある」ことを初めて報告し、これを「隠れた次元」の名称で書籍として著しました。

【 参考文献・資料 】

01：エドワード・ホール（日高敏隆・佐藤信行訳），かくれた次元，みすず書房，1979.10.5.（第14刷）
02：K.J. ファルコナー（畑 政義訳），フラクタル集合の幾何学，近代科学社，1997.7.10.（第4刷）
03：石村貞夫・石村園子，フラクタル数学，東京図書，1997.9.30.（第9刷）
04：和田尚之，実務のための「機械学習」と「AI」，工学社，2021.5.30.

3-2 「群の破れ」という考え方

群に刻まれた「ある層の世界」は、図3-10のように、別の「部分組織」に結ばれて「別の群の覚醒」となるイメージになります。

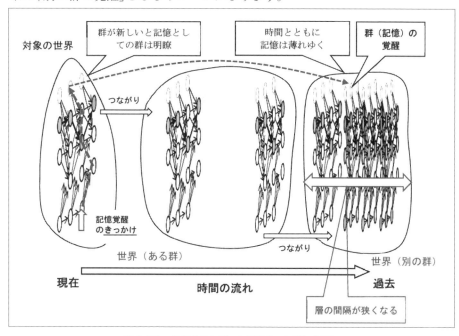

図3-10　記憶されたデータの群のつながりと薄れ

上のイメージ図を、少し形を変えて、新しく下のように描いてみました。

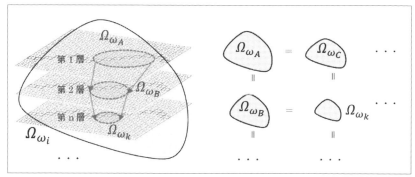

図3-11　記憶された群の層となる部分組織のつながり

　図3-11の「Ω」は、記憶の群の層である「部分組織がある領域」を示します。
さらに、**図**3-11を次のようなイメージで表わしましょう。

　「ある対象の全体」(大分類)をいくつかの「小さな群」(小分類)して捉えると、
ひとつひとつの群は、「ハウスドルフの次元外測度」(次節で詳説します)によっ
てすべてが包括されているものと考えます。

　これは、「小さな群」(小分類)は、「つながり」があることから、「選出定理」
によって、「完全な距離空間をもつ」ことが証明されています。

　つまり、「(統計的)自己相似性」をもっていることになります。

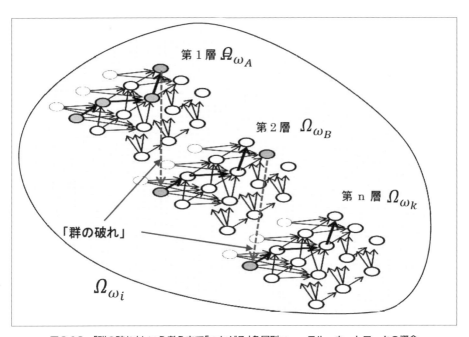

図3-12　「群の破れ」という考え方で「つながる」多層型ニューラル・ネットワークの概念

　これは、自己相似性をもつ「小さな群」(小分類)立体的に、重ね合わせるこ
とで、「人間の脳」に近い「細胞群」になります。
　つまり、「コンパクト集合化」です。

この「Ω」は実数Rの複数の「小さな群の宇宙の集まり」に形成されているので、次のように考えることができます。

$$\Omega_{\omega_i} = \Omega_{\omega_A} + \Omega_{\omega_B} + \ldots + \Omega_{\omega_k}$$

このとき、「小さな群の集まり」（宇宙）が「ある長さd」で対象を「ある集合Sで被覆できる（対象を覆いつくす）」と考え、s*をある集合の被覆長さとして表わせば、

$$M^S(\Omega) \cong \lim_{d \to 0} \left\{ \sum_{i=1}^{N(d)} \left(\sqrt{2}d\right)^s \mid d_i = s_i^{*}, \ \Omega \subseteq \bigcup_{i=1}^{N(d)} s_i \right\}$$

という、対象全体「Ω」を近似できる「$M^S(\Omega)$のハウスドルフ次元外測度（Hausdorff－Measure）」によって表現することができます。

これによって、人の脳を模倣した「ニューラル・ネットワークの深層化」を、平面的な横方向、下方向へ拡大化され、膨大な計算を引き起こす状況を打破できると考えられそうではないか、というのが、本書の主題である「自己組織化」が「機械学習・AI」へ拡張できると考えられます。

＊

ここで言う「群の破れ」は、「部分組織」と「部分組織」を結ぶ「小さな集合の群」として他の集合群とつながっていることで「連続性」をもっています。

つまり、一挙に膨大なデータを計算するのではなく、「いくつかの小さな群」に分ける「自己組織化と進化の論理（スチュアート・カウフマン・米沢富美子監訳，日本経済新聞社，1999.10.27.第3刷）」での言葉のように、部分組織に分ける手続き」として行うということになります。

第**3**章 「自己組織化」の基礎

■「内部矛盾の山積化」と自然淘汰、「臨界点」を生む境界、「適応化」と「散逸化」

　対象とする「系」(大きな集合) は、可測化の手続きをしていくことで、複数の「小さな集合の群」となっていきます。

　これは、P.Bak らの提唱した「雪崩現象の砂山モデル」(Sand pile model) のように、「あるルールを形成した群」が次の群とつながるときの現象は、その群にあるルールに適応できない「内部矛盾の山積化」によって、「自然淘汰」され、次の群と群の境界が臨界点となって、次の群へ「適応化」して、さらに「散逸化」へ向かっていきます。

　ここで、カウフマンの「自己組織化と進化の論理」から言葉を引用しましょう。

> …構成要素はおたがいの間で相互作用をしているとする。このためその系には内部矛盾が山積しており、むずかしい問題を引き起こしている。…(略)…それぞれの部分組織の中で最適化を行う。境界を通じて部分組織と部分組織の間につながりがあるため、ある部分組織の最適化で得られた「よい」答えが、隣の部分組織内の構成要素が解くべき問題を変えてしまう。…

　この「群を形成する適応化」と「群から離脱して他の群を形成」していく状態は、カウフマンがその著書で述べている「自己組織化と自然淘汰という2つの現象」に他なりません。

　この群を超えた「結びつき」が「群のデータである記憶の破れ」と「つながり」によって、系は全体としての「群の全体世界」の「連続性」が保たれます。

　突然、何かの「刺激」によって、脳が「発火」して、遠い記憶が覚醒するのは、このようなメカニズムをもっているからこそ、新しい「群の全体世界」が生成されます。

■「部分組織」に分ける手続き

具体的な「部分組織に分ける手続き」について、イメージ図を使って解説しましょう。

下の**図3-13**は3つの「河川A,B,C」です。真ん中の図は、グラフの左側の群だけを抽出し、いちばん下の「$\Omega\omega_{A,B,C}$」として抽出したものです。

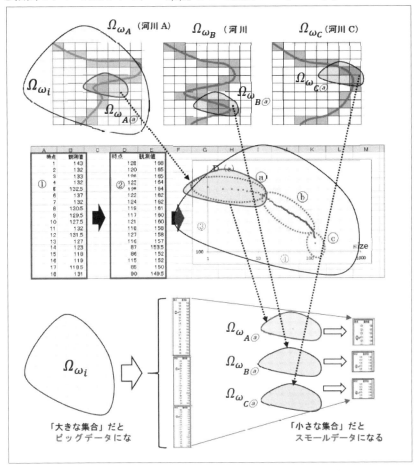

図3-13　「群の破れ」を使った「ビッグデータのスモールデータ化」

　一般的な機械学習やAIでの計算は、下の図の考え方を元に、**表3-1**のように「学習データ」を作ります。

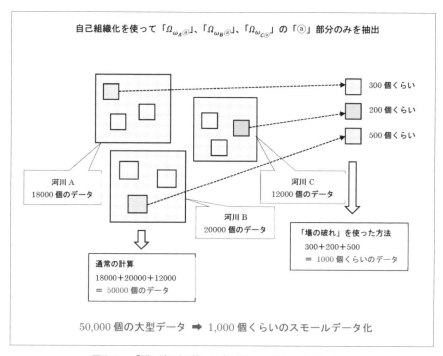

図3-14　「群の破れ」を使った大型データのスモールデータ化

表3-1 スモールデータ化の学習データの蓄積方法

小さな群	変数1	変数2	変数3	変数4	変数5	・・・	変数m	教師データ
河川A　個のデータ01								
河川A　個のデータ02								
河川A　個のデータ03								
・・・								
河川B　個のデータ01								
河川B　個のデータ02								
河川B　個のデータ03								
・・・								
河川C　個のデータ01								
河川C　個のデータ02								
河川C　個のデータ03								
・・・								

　現在の「AI」は加速度的に進化を遂げていますが、同時に扱うデータ量の膨大化(ビッグデータ)から計算時間にも膨大な時間が掛かります。

　これは、同時に「膨大な費用の投資」をしなければならない悩ましい問題とも直結します。

　また、膨大化と同時に「解が収束しない」問題も誘発されています。

　特に画像処理や自然言語処理では精度向上化のため中間層(隠れ層)の肥大化が行われ、「解を求める急降下勾配法」では、「勾配爆発問題」や、勾配が小さくなり過ぎて起こる「勾配消失問題」が起きています。

　このような問題への対策として、「ゲート付きRNN」(Recurrent Neural Network)や、「長期短期記憶」(LSTM：Long term Short Term Memory)の「忘却ゲート」をあえてネットワークの中に投入して問題を解決しようというものなどが提唱されています。

　これらの問題は、
「1つの系(集合全体)の中で解く」
という、思考スタイルからの発想とも言えます。

　そこから、「複数の世界として考える部分組織に分ける手続き」として考えれば、記憶の破れでつながった集合は「別の段階の計算用」にして、
「複数の世界として考えて解く」
という発想が、今回の「自己組織化を使った記憶の破れ」という発想の起点です。

　数千のデータも「自己組織化」を行なうと、自己相関性の「強い」ものから群を形成しながら「弱い群」へと散逸化していきますので少ない群のデータで済みます。

　自己相関性が「弱いデータ群」は、「AI計算」での「正答率」にあまり貢献せず、逆に「誤認識」へと誘引していきます。

　こうした「弱いデータ」は、数千あったとしても、時間と費用ばかりが嵩み、ついにはデータの膨大化から「説明ができないAI(の計算過程)」になってしまいます。

　自己相関性が高い「小さな群」を集めて、データの集合を再構築することで正答率の向上や「小さな群」の検証によって「説明できるAI」（XAI：eXplainable AI）が容易になりやすいという利点も生まれます。

　さらに、他の群は別の計算段階用にすることができます。

　そして、何よりの大前提条件である「市販の普通のパソコンでもビッグデータへお金をかけないで挑戦できる！」という本書の前提条件は満足させることができます。

＊

　次節では、「ハウスドルフ次元外測度」について説明を行ないます。

3-3　「ハウスドルフ次元外測度」という考え方

　ここでは、「自己組織化」の心臓部とも言える「ハウスドルフ次元外測度」について解説します。

■ハウスドルフ次元(Hausdorff dimension)

　「ハウスドルフ次元」とは、1918年にドイツの数学者のFelix Hausdorffの位相空間の研究による位相空間の次元で、中でも点集合の外測度は後のフラクタル理論の重要な役割を担う考え方です。

　また、「外測度」(Outer measure)というのは、与えられた集合に対して、すべての部分集合に対して定義される集合函数を指します。

■ハウスドルフ次元外測度(Hausdorff dimensional outer measure)

　変量の負荷を幾何学的に捉えるために、一般的によく知られている空間座標を使った「位相次元」(topological dimension)よりも、真に大きい次元外測度の考え方を導入します。

　「n次元外測度」とは、対象とするものを実数Rの集合Xで考えたとき，すべての部分集合に対して定義され、その値が$[0,\infty]$をもつ測度のことを指します。

　ここで、集合Xに対し、$d(U_i) \le \rho$を満たす閉集合 $\{U_1, U_2, \ldots, U_n\}$ が存在する

ものとして考えます。

$$X \subseteq U_1 \cup U_2 \cup \ldots \cup U_n \tag{01}$$

上の関係があるときに、$\cup_{i=1}^{n}$ を X の「ρ-被覆」と呼びます。

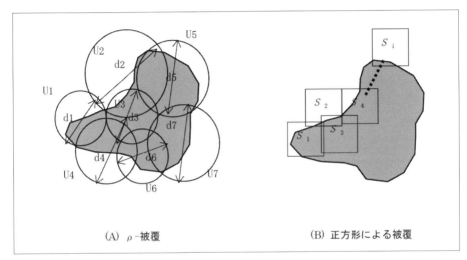

(A) ρ-被覆 　　　　　(B) 正方形による被覆

図3-15　集合の被覆という考え方(円も正方形も同じ考え方です)

　式 (01) の「$X \subseteq U_1 \cup U_2 \cup \ldots \cup U_n$」は、「$X$ is included in Un」(集合 X は Un に含まれる X の部分集合で、ただし $X = U$n の場合もある)と、いう意味です。
　また、「$\cup$」(Union の略でカップ:cup;和集合)のことで、下のような状態を表します。

　これとは別に「$X \cap U$(キャップ:cap;積集合または Intersection とも呼ばれます)」があり、これは、「X と U の重なった部分だけを指す集合」です。(数学の集合論です)

　「$\cup_{i=1}^{n}$」は、和集合を「i=1 から n 個までを Ui」という表示で表わそうという約束で、それを「ρ-被覆」という名前で呼びます。

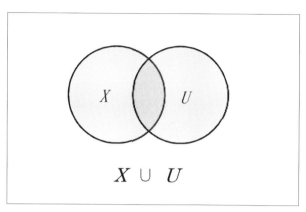

$$X \cup U$$

図3-16　和集合

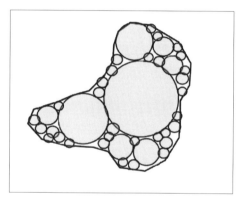

図3-17　ρ-被覆
（対象の全体の集合Xを隈なく部分集合Uiで埋め尽くすこと）

　図3-15(A)のように、コンパクトな集合を複数の閉集合「Ui」として、それらの直径d(Ui)のdi = ｜ Ui ｜ = d(Ui) (i=1,2,…,n) の組として考えたとき、その「S乗和 (S ≧ 0)」を、

$$\sum_{i=1}^{n} \mathrm{d}_i{}^s \tag{02}$$

と、します。

この状態が式(02)です。この(02)式の「S乗和」について

$$M_\rho^s(X) \equiv \inf \sum_{i=1}^{n} |U_i|^s \qquad (03)$$

と、置いたとき、測度「M_ρ^s」はn次元のユークリッド空間上の外測度になります。

　ここでの数学記号の「inf（インフ：infimum）」は集合X（$\inf X$）の下限を指します。
　この反対の上限は「$\sup X$（スープ：supremum）」といいます。

　これは、**図2-17**のように「ρ-被覆」によって、すべての部分集合を「下限まで(inf)埋め尽くす」ことを意味しています。
　この状態を「$M_\rho^s(X)$」の「ユークリッド空間上の外測度」（がいそくど）と呼んでいます。

＊

　ユークリッド空間（Euclidean space）とは、幾何学で使われる平面や（立体の）空間を一般的に呼ぶ名前です。

　また、こうした集合の最大値は「$\max X$」で、最小値は「$\min X$」です。
　この次元外測度を、Hausdorffの「s-次元外測度」によって考えます。

　全全体の状態空間量を構成する負荷量を集合Xとして、それらが長さdの正方形Sで被覆(cover)されるものとして考えます。
　全体が「N(d)個」で近似できると考えれば、このXのHausdorff s-次元外測度$M^s(X)$は、コンパクト集合を全体の系の集合として捉える次元外測度と呼ばれるものになります。

$$M^s(X) \cong \lim_{d\to 0}\left\{ \sum_{i=1}^{N(d)} \left(\sqrt{2}\,d\right)^2 \,\middle|\, d_i = S_i^*, X \subseteq \bigcup_{i=1}^{N(d)} S_i \right\} \qquad (04)$$

$$= \lim_{d\to 0}\left\{ N(d) \times \left(\sqrt{2}\,d\right)^s \right\} \quad \left(S_i^*: 正方形一辺の長さ\right) \qquad (05)$$

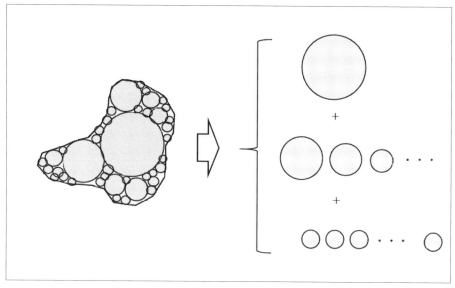

図3-18　ρ-被覆とハウスドルフ次元外測度の意味（基本的には円被覆も正方形被覆も同じ）

式(04)で、「｜○｜△｜」の真ん中にある「｜」（バー）は、「集合の内包的記法」と呼ばれるものです。

左側の「○」が全体を代表する「代表元」といい、右側の「△」は「その代表元の満たすべき条件」を指します。

つまり、式(04)は、「d_i=〖S_i〗 *」のSiという（ここでは正方形の要素で）その一辺の長さ「di」という条件を示します。

「$\sum_{i=1}^{N(d)}\left(\sqrt{2}\,d\right)^2$」の「$\left(\sqrt{2}\,d\right)^2$」という**長さdの正方形**で、「$\sum_{i=1}^{N(d)}$」のように「i=1番目から全部のN個」（一辺の長さd）が、代表する「元」（げん）になります。

そして、「$\lim_{d\to 0}$」のとおり、「極限」（lim）の「dから0に向けて」操作を行ない、その状態を「$M^s(X)$：ハウスドルフ次元外測度」に「$\cong$」（チルダ・イコール：近似で等しい）で表わす、ということです。

そして、式(05)において、ある数S_0に対して、

$$N(d) = \mu \cdot d^{-s_0} \qquad (\mu は正の定数) \qquad (06)$$

と、いう比例関係がある場合、「S_0」が X の「Fractal次元」と呼びます。

次に、この式の両辺に対して対数をとります。すると、

$$\log N(d) = -S_0 \log d + \log \mu \qquad (07)$$

と、いう対数式にすることができます。

つまり、イメージとして「y = − ax+b」をイメージすれば、x軸のヨコ軸とy軸のタテ軸に対して、対象の図の左から「右肩下がりの線」で表現できる、と言うことです。

式(07) のタテ軸・ヨコ軸ともに「対数軸」(両方が対数なので、「両対数」と言います)ですが、Excelで簡単に表示することができます。

*

これは、「集合X」に対して、被覆する部分集合Sの極限を取り、全体の集合である系に対して要素が、全体の集合である「系」に対して「小さな群の集合」が「どのような状態で係わっているか」という関係を直接視覚的に確認できる幾何的アプローチの方法です。

本書では、すべて、この方法によって「自己組織化臨界状態解析」を行なっています。

次に、もう少し、ハウスドルフ次元外測度と重ねて解説をしたいと思います。
下の図は「3つの河川の自己組織化臨界状態解析」を行なったものです。

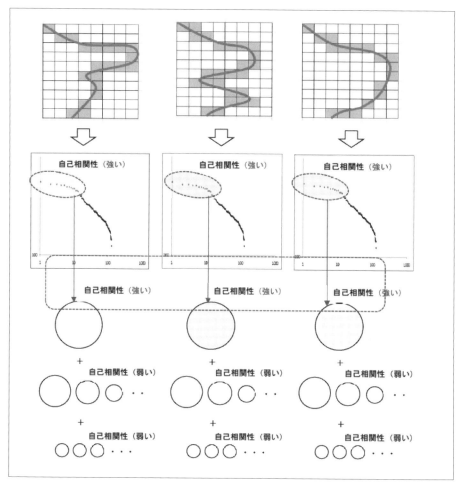

図3-19　ハウスドルフ次元外測度を使った応用

　「自己組織化臨界状態解析」を行なうと、両対数グラフの楕円部分のように、「自己相関性が高い部分」を抽出することができます。

> ※ 計算には、上図の中央部分の四角破線の枠を対象とします

　その抽出された部分は「河川という対象では同じである」ことに、「機械学習・AI」の「蓄積データ（学習データ）」として、下の**表3-1**（再掲）のようにすることで、「A社の店舗とB社の店舗の機械学習・AIでの計算」のように、同一計算の対

象とすることができます。

小さな群		変数1	変数2	変数3	変数4	変数5	・・・	変数m	教師データ
河川A	個のデータ01								
河川A	個のデータ02								
河川A	個のデータ03								
	・・・								
河川B	個のデータ01								
河川B	個のデータ02								
河川B	個のデータ03								
	・・・								
河川C	個のデータ01								
河川C	個のデータ02								
河川C	個のデータ03								
	・・・								

　これによって、学習データが少なくても、「自己相関性が高い」ため、解析精度を向上させる「小さな群の集合体」として使えます。

　このため、「大型コンピューター・クラウドコンピューターを使わず自前のパソコンでできるAI」が実現できることになり、前章の「群の破れ」を使った、「大型データのスモールデータ化」ができることになります。

【参考資料・文献】

01：K.J. ファルコナー（畑 政義訳），フラクタル集合の幾何学，近代科学社，1997.7.10.（第4刷）

02：西沢清子・関口晃司・吉野邦生，フラクタルと数の世界，海文堂，1994.6.15.（第3刷）

03：ベンワー・マンデルブロ（広中平祐監訳），フラクタル幾何学，日経サイエンス社，1994.9.12.（第9刷）

04：H.-O. パイトゲン/D. ザウペ（山口昌哉監訳），フラクタルイメージ（理論とプログラミング），シュプリンガー・フェアラーク東京，1990.8.20.

05：高安秀樹，フラクタル，朝倉書店，2000.9.20.（第25刷）

06：高安秀樹編著，フラクタル科学，朝倉書店，1997.9.20.（第10刷）

07：石村貞夫・石村園子，フラクタル数学，東京図書，1997.9.30.（第9刷）

08：武者利光・沢田康次対談集，ゆらぎ・カオス・フラクタル，日本評論社，1993.10.3.（第4刷）

08：ケネス・ファルコナー（服部久美子訳），フラクタル，岩波書店，2020.1.22.

3-4 ナスカの地上絵をAIで解く

「朝日新聞 2021年4月29日（木）」の記事です。

図3-20 「朝日新聞の記事」

■ナスカの地上絵の「AI用の学習データ」

下はWebの「ナスカの地上絵」からの写真の抜粋です。

L_nasca_1　　　　　　　　　　L_nasca_2

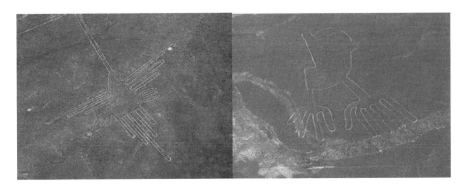

L_nasca_3　　　　　　　　　　L_nasca_4

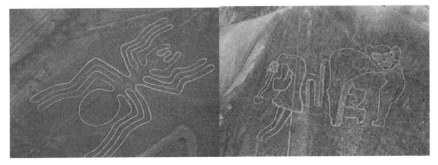

L_nasca_5　　　　　　　　　　L_nasca_6

L_nasca_7   L_nasca_8

L_nasca_9   L_nasca_10

図3-21　ナスカの地上絵の写真データ
出典：https://www.bing.com/images/search?q=ナスカの地上絵&qpvt

■「ナスカの地上絵であるかどうか」を探る1枚の写真

次の図3-22を、衛星写真を元に、地上絵があるかもしれないエリアをメッシュに区切りながら、肉眼で探すために選んだ、写真の一部として考えてみましょう。

図3-22　Testdata_nasca_11「これは何だ？」

これは、「この中に地上絵があるのか」という作業に使うもので、今までは写真のように経年劣化が進み、なかなか「地上絵の発見」には至りませんでした。

それを、先ほどの新聞記事では、「143枚の画像写真」から「AIによって発見」されたことが記載されています。

下は、「テスト用データ」として、学習データの「L_nasca_8」を「人工的に風化」させた画像写真です。

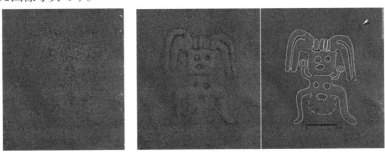

図3-23　左「予測用テストデータのTestdata_nasca_11」　右「学習データのL_nasca_8」

　写真の「風化」はWordの機能（対象写真を選択→書式タブ→調整リボン→アート効果）で人工的に風化させたものですが、「この写真が何であるのか」については、もちろん「機械学習・AI」のソフトには教えていません。

　よっぽどの経験を積んだ学識経験者や技術者でも「それが何であるのか」は、まったく分かりません。

　10枚の学習データの画像を、**参考文献01**による手法で解きました（Wekaの使い方は**参考文献02**を参照して下さい）。

表3-2　参考文献01をもとにExcelで作成した解析用csv形式データ

	FB	FC	FD	FE	FF	FG	FH	FI	FJ	FK	FL	FM	FN	FO
1	sec_158	sec_159	sec_160	sec_161	sec_162	sec_163	sec_164	sec_165	sec_166	sec_167	sec_168	sec_169	class	
2	135	132	133	133	132	134	134	131	132	132	131	131	L_nasca_1	
3	151	145	142	143	143	143	144	144	143	144	144	143	L_nasca_2	
4	136	136	136	136	134	135	132	132	134	133	132	132	L_nasca_3	
5	133	131	130	130	130	132	137	133	130	130	130	129	L_nasca_4	
6	141	140	140	141	140	139	140	140	138	138	136	137	L_nasca_5	
7	137	136	137	139	139	137	139	143	144	146	149	148	L_nasca_6	
8	146	146	146	147	145	144	144	143	144	145	145	147	L_nasca_7	
9	109	107	106	107	107	105	106	108	108	108	108	108	L_nasca_8	
10	101	103	100	101	102	101	100	99	98	98	98	95	L_nasca_9	
11	125	126	125	125	124	123	124	125	124	125	126	125	L_nasca_10	
12	104	105	106	106	107	108	106	107	108	107	108	109	?	

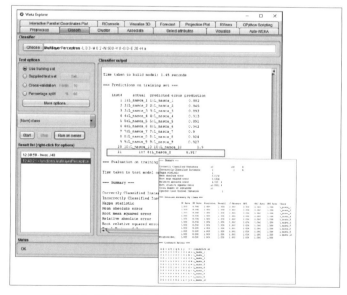

図3-24　Wekaの「AI：MLPアルゴリズム」で解いた画面

予測結果は、

「対象の画像写真が学習データのL_nasca_8 に類似する確率は91.7% である」

という結果で、一見して「経験を積んだ熟練者でも見つけることが難しい」もの を、考古学・地上絵の専門家でなくても、見つけることができました。

　新聞記事の最後には、「…こうした調査方式を大きく変えようとしているの がAIの技術だ。…AIによる地上絵の発見は古代の謎解きにとどまらない可能 性を秘めている。」と解説されています。

■AIの仕組みを理解するためにもう少しイメージをする

　AIの進歩は、「人が好む・好まざる」に関わらず、すでに私たちの日常へ浸 透が進んでいます。

　もう一度ナスカの地上絵を再掲します。

　それと、参考までに、**参考文献01**に掲載されている画像処理のデータを掲 載します。

図3-25　jpg形式の画像処理のためのデータ（枠線がテストデータ、その他は学習データ）

図3-23と3-25には、

> 図3-22：学習データにテストデータに近いものがある
> 図3-24：学習データにテストデータに近いものがない

という違いがあります。

　ナスカの地上絵は意図的に学習データの中から画像変換を行ない、変換後の画像からは「これは何であるのか」がまったく分からないようになっています。
　そして、**図3-24**の学習データには、テストデータに似たものはまったくありません。

　それにも関わらず、Wekaの計算（Wekaのfunctionタブの「Dl4J」，DNN：Deep Neural Network）では正答率「0.614」（最大は"1"）という精度で「対象は車である」という評価予測をしています。

　AIが急速な進歩を遂げ、多くの人が注意を払っているのは、コンピューターの性能向上だけでなく、画像や音声、さらには自然言語の処理までが高い精度を上げ始めているということに因ります。

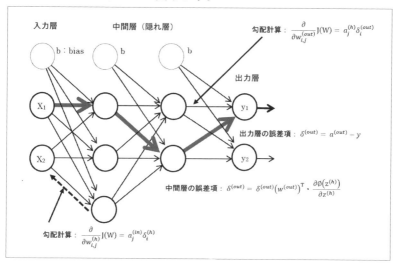

図3-26　Neural NetworkのBack Propagation

　上の図は、AIの基本モデルの「Neural Networkの誤差逆伝搬法」（Back Propagation）です。計算過程はベクトルの内積を用いて、最適解を見つける

ために偏微分方程式が用いられる理論過程です(詳細な式の展開は**参考文献03**をご覧ください)。

「丸い球」(円)は、「ノード」(node)、あるいは「ユニット」(unit)や「ニューロン」(neuron)とも呼ばれています。

AIを学んでいる方にはお馴染みの「ニューラル・ネットワーク」(Neural Network)です。

「ニューラル・ネットワーク」では、入力層→中間層(隠れ層)→出力層と複雑な過程を経緯しながら、活性化関数、誤差調整によって重みが調整されていきます。

この時、重要なのは、「連鎖律」という偏微分の合成を行なうことにあります。

連鎖律の基本的な考え方は下の式になります。

$$\frac{d}{dx}\Big[f\big(g(x)\big)\Big] = \frac{df}{dg}\frac{dg}{dx} \tag{01}$$

これは、f(g(x)) = y を分解したものが上の式で、合成関数といいます。

「ニューラル・ネットワーク」では、高次元のCost関数の誤差曲面は局所解をもつ隆起が膨大に存在することにあります。

このため、最適解を求めるためにはこれらの問題を解決していく必要があり、そのためにこの連鎖律による合成関数による偏微分(偏導関数)が不可欠になります。

たとえば、f(x)、g(x)、h(x)、u(x)、v(x)という関数があった場合には、Cost関数を求めるには、合成関数をFとして、下のように偏導関数の連鎖律が表現できます。

$$F(x) = f(g\big(h\big(u\big(v(x)\big)\big)\big)$$

$$\frac{dF}{dx} = \frac{d}{dx}F(x) = \frac{d}{dx}f(g\big(h\big(u\big(v(x)\big)\big)\big) = \frac{df}{dg}\cdot\frac{dg}{dh}\cdot\frac{dh}{du}\cdot\frac{du}{dv}\cdot\frac{dv}{dx} \tag{02}$$

この連鎖の過程は、「組み込み理論」と呼ばれるものです。

つまり、ハウスドルフ次元外測度によって測れる構造をもっているということですし、Fractal構造の基本的な骨格部分でもあります。

「ニューラル・ネットワーク」の「重み(関数)」の更新(情報の伝搬)は、次の式で表されます。この式を見れば、AIの核心部の理解を容易にしてくれます。

$$W^{(l)} = W^{(l)} - (誤差) \tag{03}$$

ここで、**第3章**で掲載した「記憶の層となる部分組織」を、再度見てみましょう。

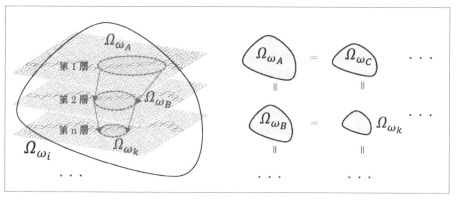

余計な式等を割愛して再表現しますと、「AIの核心部分」は下の**図3-26**に集約されます。

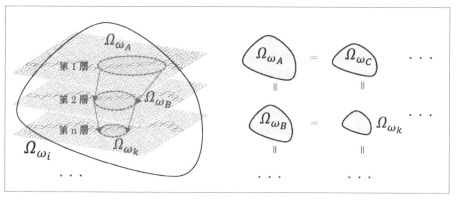

図3-27　AIの核心部

つまり、「AIが何をやっているのか」というと、ある対象（学習データ）から、「計算対象となるテストデータに近いものを選定している」のです。

これは言い換えれば、AIは、
ある特徴を探すために、少しでも似ているパターンを探り出しているだけ
となります。
このため、「誤差を小さく」するために「学習データが多い」ほど「誤差は少なくなる傾向」にあります。

そして、図3-24のように、特徴パターンをテストデータと比較する計算（これが「機械学習」です）によって、学習データには直接存在しない画像（この場合、"車"に対する"三輪車"）からでも、「予測」や「評価」を下すことができます。

また、「ナスカの地上絵」のように、直接人の目では判別できないものも、「ある地上絵に近接」していることを見分けることができます。

AIの精度を高めるためには、学習データを多くすることで精度の向上に貢献できますが、それは同時にデータが伝搬されていく過程の計算量も膨大化していくことを意味しています。

本書の重要な主題である「自前のパソコンでAIを使う」ことを考えると、どうしても精度向上とは矛盾していくことになります。
そして、主題のテーマを遵守するために展開しているのが「自己組織化による手法」です。

＊

この節で取り上げた画像写真には2つの方法を用いて計算を行なっています。

「ナスカの地上絵」→「スペクトル解析」を用いた方法
「自動運転に必要な車と人の判別」→「jpg形式データ」に「DNN」を用いた方法

「ナスカの地上絵」での方法は、無償フリーソフトウェアのWekaで解くために、Excelデータを「csv形式」にして計算させています。
これは、「車の判別」に使った「DNN」や「CNN」（畳み込み式ニューラルネットワーク：Convolutional NN）のように、大型コンピューターや膨大な計算時間、数学やプログラムの深い知識を必要とせず、気軽に使えるというメリット

があります。

　「ナスカの地上絵」と「車の判別」の画像処理は、共に**参考文献01**で解説しています。

　今までの章と、この説の「ナスカの地上絵」は、**参考文献01**と02を見ながらやれば高校生でも基礎知識なしでトライすることができます。

【 参考資料・文献 】

01：和田尚之，「機械学習」と「AI」のはなし，工学社，2020.9.25.
02：和田尚之，機械学習コレクション Weka入門，工学社，2019.8.30.
03：Sebastian Raschka / Vahid Mirjalili，Python 機械学習プログラミング，
　　　㈱クイープ・福島真太朗監訳，インプレス，2018.3.21.

時間に依存しない「場」のモデルケース

ここでは、時間に依存しない「場」について、解説します。

4-1 街道のモデルケース「佇まい」を考える

「場」には、「風情」「原風景」「調和」、あるいは「佇まい」という、「感性に直接結びつく何か」があります。

「なんとも言えない風情を感じる」や「寂寥感(せきりょう)の中にある凛(りん)とした佇まい」などの表現も、第三者が理解できる風景を連想させる言葉です。

ただ、「凛とした」は、冴えて、引き締まっている、清楚な雰囲気を表わす形容詞ですが、「佇まい」は「そこにあるもののありさま」を意味しています。

この言葉には「調和している。ある状態で好ましい様子」と捉えることができますが、「具体的にどのような状態であるのか」を考えると、「(解析しようとする)場」はなかなかすんなりと明快な答えは一様には出せません。

こうした状態を捉える方法を具体的に示していこうというのがこの章の目的です。本章では「時間に依存しない状態のモデルケース」を、そして次章では「時間に依存する状態のモデルケース」を解説していきます。

■「時間に依存しない状態」とは

最初に、「時間に依存しない状態」とは、時間の流れの中から、ある時点の「空間の状態」を抽出した状態を指します。

このため、その状態は時間とともに絶えず変化して「時間依存の状態」ではな

い、抽出された空間の状態です。つまり、「時間が止まった1枚の写真のような状態」であると考えると、分かりやすいのではないかと思います。

■「見えない世界」を探る「機械学習・AI」のジレンマ

日常的な風景の中で「佇まい」と言われても、なかなかピンときません。

しかし、ある程度年齢を重ねると京都や奈良の古都を旅行していて、街並みの中を散策しているときに「佇まい」という言葉は、分かりやすく受け入れることができます。

この意味において、確かに「佇まいは、そこにあるもののありさま」と言われれば、「なるほど」と頷けます。それらは、京都や奈良の古都の状態が、いくつも重なり合って、全体的な調和を醸し出しながら「景観」を形成しているために、理解が容易になっています。

この「佇まい」は、感性的に「望ましくないものではなく、むしろ望ましい何か」であることは容易に想像ができます。

しかし、この感性というものは、「評価を与える」となると、人によってまちまちであり、「絶対的な評価指標」をもっていません。

これは、評価が「(感性という)感覚尺度」であるためです。

＊

まだ人生経験が浅い若い時期には、「(濃い)茶」を飲んでも、最初は苦いだけで、「どこがおいしいのだろう？」と経験した方は多いのではないでしょうか。

現在の「機械学習・AI」は、Web上の膨大なデータに自動的にリンクして、それらから膨大なデータを収集・選別することが当たり前のように行なわれています。

しかしながら、こうした膨大なデータを収集・選別して「学習データ」として蓄積できますが、「茶の味わい」は「どのような状態であるのか」を的確に学習し、判別して評価を下すことはできません。

人は経験を重ね、「複層化」することで、「茶の味わい」も理解できるようになります。

*

まだまだ、人が「教師データ」として「これは○○である」などのように、教えることが欠かせませんが、その際に「教師データがブレる」ということが起こります。

つまり、入力時に「偏り」が発生するのです。

ただし、サンプル数である学習データが、たとえば360個以上になると「5%有意水準（95%が信頼できる）」というように、「Gauss分布（正規分布）」することが「大数の法則」から「バラツキ」の偏りはなくなっていきます。

このようなデータの蓄積からなる学習データは、他の人が解析を行なえば、「結果が異なる」ということが起こります。

たしかに、機械学習・AIを使っていても人によって解が異なるのでは、科学の基本である「再現可能性」が担保できないことになります。

これが将来、読者の方が抱くであろう「機械学習・AIのジレンマ」です。

*

「自己組織化」では、こうした「人の感性に左右されない方法で状態」を記述することができます。

つまり、今回のような問題には、「自己組織化」を第1段階で、その後「機械学習・AI」を第2段階で使うというステップ別の解析で、「感性に依存する問題」を解こうというものです。

■モデルケース：中山道和田宿

モデル地の長野県小県郡和田村は、人口253人、面積87.81km2（2001年7月時点）、標高819mで、諏訪湖と小諸のほぼ中央に位置しています。

図4-1の和田村の中央を通る道は旧道（中山道）であり、図の欄外になりますが記載された図のすぐ下端に現在では国道142号線が通っています。

この国道が村の北側に迂回されたことと村の91.5%が森林で占められてい

ることから村全体がひとつの閉鎖領域を形成しているというモデルになります。

　この和田村は、江戸日本橋を起点とし、京都三条大橋までの約530kmを結ぶ中山道の69次（137里11町12間、69の宿駅と碓氷、木曽福島の2関所）の宿場の1つとして知られていました。

　街道中碓氷峠越えよりも難所と呼ばれた和田峠（標高1531m）があることから、1602年（慶長7年）に散在していた人戸を集め、町長さ7町58間、戸数百数十軒が和田宿（1700年ごろの宝永年間の推定人口は約1700人で、当時の1村当たりの平均人口が376人ですので、約100年の間に 大村として繁栄したことが分かります）として作られました。

　また、現在の町並みは1861年（文久元年）3月10日の大火でほとんどの家屋が焼失し、新たに作られたものです。

　その後、明治18年の橋場大火、明治20年の上町大火で部分的な焼失があり一部建て替えられています。

　この集落では当時の面影を強く残す家屋が42軒現存していて、「街道の宿場町」としての雰囲気を色濃く現在に留めています。

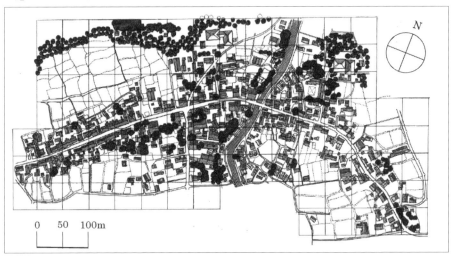

図4-1　中山道和田宿（2001年7月時点：作図筆者）

■「佇まい」の客観的抽出

「佇まい」の具体的な抽出には「Biplotによる変量合成を用いた自己組織化臨界状態解析」によって行ないます。

「Biplotによる変量合成」の具体的な理論とプログラムは、**6章**に使い方を詳しく掲載してあるので、そちらをご覧ください。

ここでは、具体的なモデルケースのデータ化について、解説を行ないます。

●図のメッシュ内の「データ化」

図4-1のメッシュのうち、1つのセル内を、「歴史的建築群の負荷量」として計算できるように設定します。

計算基準年を2000年とし、築造年代を引いた実在年を「20年1単位」として割った数値を考えます。

この「20年」という単位は、別に50年でも25年でもかまいません。

さらに建築物の建築面積を掛け、セルの単位面積当たりに直して負荷量として考えます。

この場合、次の**(01)**式によって、メッシュの負荷量を定義しています。

$$S_{wi} = \frac{(T_0 - h_{ti})\, h_{Si}^{\;*}}{\tau S_i} \tag{01}$$

S_{wi}：S_i への重みとしての歴史的建築群の負荷量
T_0：基準年。今回は2000 $(T_0 > h_{ti})$
h_{ti}：築造年代
h_{Si}：建築面積
τ：時刻の刻み幅の単位年、今回は20
S_i：セルの面積

※厳密には建築のそれぞれの階を面積ごとに分けることが望ましいですが、今回はデータ取得が困難であるため、地図データから判別可能な建築面積を使っています。

　また、樹木群の負荷量とは樹木の推定容積量をセルの単位面積当たりに直したものです。

　この負荷量を、ある大きさで被覆し、全体の系を測ることが、末尾の付録にも記載した「Hausdorffs-次元外測度」の基本的な考え方に他なりません。
　この方法で図示したものが、サイズ分布図となります。

　メッシュの中の「対象とする建築」と「樹木」は、2つの負荷量が掛かることになります。

　このように複数の負荷がある場合は「変量の合成（付録のBiplotの合成理論を参照して下さい）」を行ないます。

　ここでは、建築群と樹木群をモデルメッシュのセルに負荷を与える構成因子として捉え無次元化した上で合成変量として計算していきます。

●建築群の計算

　歴史的建築群のサイズ分布（s-D(s)分布）を**図4-2**の**(A)**に示します。
　Power則に従う「1/f」と建築群の負荷量分布の重相関係数は「0.927」で、決定係数は「0.860」です。

　5%有意水準で、P値は「1.73E-45」のため、高い有意性があることが分かります。

　全サンプル数は「104」で、サイズ分布を見ると66番目から崩落をはじめていることが分かります。
　これは、べき分布の場合「log-log plot」の上では直線の分布となりますが、その直線から乖離しはじめる66番目の点から崩落を見せ自己相似性が失われていくことを意味しています。

　「1/f」に沿う部分を安定部分とすると、Fractal次元は「D=0.997」で、安定部分の決定係数は「0.920」です。

これらのことから、建築群の場合、図中①の部分は、「1/f」に沿う自己組織化を起こしている部分であると考えられます。

●樹木群の計算

樹木群のサイズ分布 (s-D(s)分布) を図4-2の (B) に示します。

この重相関係数は「0.880」で、決定係数は「0.775」であり、5%有意水準の P値は「6.54E-35」です。

これだけを見れば建築群と同じような分布傾向と捉えられそうですが、どちらかと言えば図中の③部分は「1/ f」からの乖離が大きく後述する (F) に近いといえます。

全サンプル数「104」のサイズ分布からは23番目以降に崩落を見せており、②の 1-22 の間が安定している部分です。

この間の Fractal 次元は「D=1.470」であり決定係数は「0.911」です。
＊

これらのことを考えると、樹木群の場合は一概に自己組織化を起こしているとは言い難く、どちらかといえば、かなりノイズ化していると考えた方が良さそうです。

建築群と樹木群のBiplot 計算を行なったものが 図4-2の (C：F-Matrix) と (D：G-Matrix) です。

(C) は建築群と樹木群の「合成されたセルの負荷量の布置」であり、(D) は変量である「建築群(a)と樹木群(b)の布置」です。

Biplot の場合、この(C)と(D)のグラフを1つに重ねることができます。

合成された変量への各セルの寄与率は、それぞれ「61.783」と「21.538」です。

これは主成分分析の**第1成分、第2成分**の寄与率に相当する特異値λの2乗値です。

これらは中心化されているベクトルとして表現されているため、この結果から直接解釈を行なうこともできます。

たとえば、全体のセル負荷量の中心布置に対して建築群 (a) は近く、樹木群は遠いと言えます。

(C)のY軸の、(-)部分にある部分は、樹木群とは相関性があまりありません。

同じく、(C) の第3象限にあるセルは、建築群とも樹木群とも相関性がほとんどないことを示しています。

(C)、(D)は表現対象の変量が複数の場合、自己組織化のデータ検証する際に使う補助的なものです。

*

建築群と樹木群を合成したものが、図4-2 (E) です。

「1/f」との重相関係数は、「0.942」で、決定係数は「0.888」、5%有意水準でのP値は「1.9E-50」です。

建築群は「自己組織化」を見せている部分が多かったですが、樹木群はノイズ化していました。

その結果、合成されたセルでは④に示すように「ホワイトノイズ」(単調化ノイズ)になってしまっている部分が発生しています。

その影響を受け、セルの安定部分は 33 番目まで減少しています。

その間での Fractal 次元は「D=1.298」で、決定係数は「0.982」ですが、ノイズ化した部分と、それ以降のセルは、次々と崩落している状態をこのグラフから見ることができます。

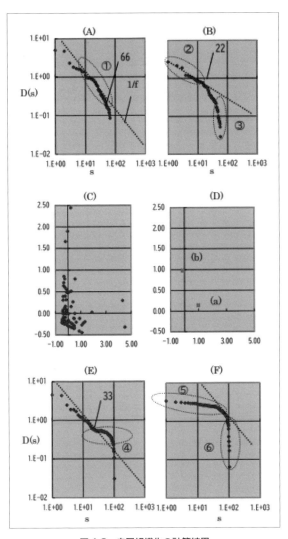

図4-2 自己組織化の計算結果

●人工的に作られた「仮想集落群」との比較によって「自己組織化の現象」を検証

　建築群と樹木群、それに合成された負荷量の自己組織化を検証するため同数のセルに対し同負荷の疑似一様乱数を発生させて仮想集落を作ってあります。

　これは、「周辺の建築群がある領域」（ここでは村に存在する一群の集落を指す）の中で歴史的な負荷量として相似性をもっていない、と仮定したものです。

　たとえば，築造年代がバラバラであり、集落全体として何ら秩序性をもっていないとすれば、その集落から年代を感じさせる趣（おもむき）や調和性を感じ取ることは困難と言えます。

　多くの場合、趣や調和性を見いだすことができるのは、全体の系に対して何らかの規則性があることを否定できないからであると言えます。

　このような考え方から規則性のないバラバラな建築が集合して集落を人工的に形成したものが、「**仮想集落**」です。
　具体的には，仮想集落の建築は1つの街路に沿う必要もなく、築造年もバラバラであってかまいません。

　そのために「0以上1以下」の大きさの数値をそれぞれのセルに対し何の関連もなく発生させる疑似一様乱数により得た数値を負荷量として考えて作ったものです。

＊

　その s-D(s) 分布が、**図4-2 (F)** です。
　「1/f」との重相関係数は「0.472」で、決定係数は「0.223」。
　5%有意水準で P値は「4E-07」となりました。

　(F)からも容易に分かるように、「1/f」に接している部分はほんの一部です。
　一様乱数によって発生させられた振る舞いは中心極限定理に従いGauss分布することが知られています。

　また、このGauss分布や指数分布がFractal構造をもたないことは、高安秀樹（フラクタル、朝倉書店、1986.4.）の研究でも知られています。

　つまり、人工でバラバラに作られた仮想集落（負荷は今回のように歴史的年代のものでも何でもいい）は、「相似性」をもたないため、全体の系を個々の因子が組織化し得ないのです。

＊

　この人工的な仮想集落の s-D(s) 分布は、⑤⑥部分で(B)の樹木群の状態に似ています。

　集落内の樹木は、道路や建築物の立て替えなどによって伐採を余儀なくされています。
　このため、自然環境豊かな森林の中と異なり、組織化ができないまま孤立していることが Gauss 分布している仮想集落と比較することにより理解することができます。

＊

　最初のモデルケースは、著者が学会の査読付き論文（**参考文献04**）として発表したものです。

　それまでの都市サーベイ（都市調査）の多くは、物理的な対象建物のサイズや築年数などの情報に加え、「アンケート」による「意見の集約」がほとんどであったと言えます。

　このモデルケースでは、「物理的な計測情報のみ」だけで、「類似性を抽出する」という「人による主観（感覚尺度）を排除した手法」を「佇まいを自己組織化によって可視化する」という方法を示しました。

　この意味において、「第三者による再現可能性によって、誰が行なっても結果はぶれない」ことを示せた意義は大きいのではないかと思います。

　つまり、主観的な尺度も見る視点を変えてアプローチすることで「計算可能」にすることができました。
　これらを学習データとして蓄積を行なうことで、「感覚という見えない世界」を機械学習・AIの応用へもっていくことができるようになります。

　スモールデータでも「主観が入るブレをなくす」ことで、実用化も可能だと思います。

【 参考資料・文献 】

01：P.Bak, C.Tang, and K.Wiesenfeld : Self-Organized Criticality. An explanation of 1/f noise. Phys.Rev. lett.59.381-384.1987.7.

02：P.Bak, C.Tang, and K.Wiesenfeld : Self-organized criticality. Phys. Rev. A38. 364-374. 1988.7.

03：K.R.Gabriel : The biplot graphic display of matrices with application to principal component analysis, Biometrika, 58,3,p453-467, 1971.6.

04：和田尚之, 奥谷 巌：歴史的建築群と樹木群の自己組織化臨界状態解析 日本計算工学会,Transactions of JSCES,PaperNo.20010047,2001.12.21.

05：和田尚之, 奥谷 巌：時間依存の影響量を考慮しない商空間の特性定量化手法の研究 （地域分析における自己組織化臨界状態に関する応用研究その1）, 日本建築学会計画系論文集, 第557号, pp.225-231, 2002.7.

06：長野県和田村教育委員会, 中山道和田宿（伝統的建造 物群保存対策調査報告書）, 1990.3.

07：長野県文化財保護協会編, 中山道信濃二六宿, 信濃 毎日新聞社, 1982.11.

08：長井典雄, 中山道和田宿の記録, 山海堂, 1990.6.

09：児玉幸多, 中山道を歩く, 中央公論社, 1988.8.

10：今井金吾, 今昔中山道独案内（新装版）, JTB 日本交 通公社出版事業局, 1996.9.

11：樋口忠彦, 景観の構造, 技報堂, s50.10.10.

12：ルネ・ユイグ（中山公男・高階秀爾訳）, 見えるものとの対話 1, 美術出版社, 1971.1.30（第8版）

13：都好潔・江崎 秀・林 健司, 自己組織化とは何か, 講談社, 2000.4.21.（第3刷）

14：マーク・ブキャナン（水谷 淳訳）, 歴史は「べき乗則」で動く, ハヤカワ・ノンフィクション文庫, 2010.12.15.（第4刷）

15：マーク・ブキャナン（坂本芳久訳）, 複雑な世界、単純な法則, 草思社, 2005.3.18.（第2刷）

16：G.ニコリス／I.プリゴジン（安孫子誠也・北原和夫訳）, 複雑性の探求, みすず書房, 1998.5.15.（第6刷）

17：ベンワー・マンデルブロ（広中平祐監訳）, フラクタル幾何学, 日経サイエンス社, 1994.9.12.（第9刷）

18：H.-O.パイトゲン/D.ザウペ（山口昌哉監訳）, フラクタルイメージ （理論とプログラミング）, シュプリンガー・フェアラーク東京, 1990.8.20.

19：西沢清子・関口晃司・吉野邦生, フラクタルと数の世界, 海文堂, 1994.6.15.（第3刷）

20：K.J. ファルコナー（畑 政義訳），フラクタル集合の幾何学，近代科学社，
　　1997.7.10.（第4刷）

21：数理科学，特集「くりこみ理論の地平」，サイエンス社，1997.4月号

22：数理科学，特集「複雑系科学の形成」，サイエンス社，1000.10月号

23：柳井晴夫・岩坪秀一，複雑さに挑む科学，講談社，1995.10.25.（第32刷）

24：香取眞理，複雑系を解く確率モデル，講談社，1997.11.20.

25：ニーナ・ホール・宮崎 忠訳，カオスの素顔，講談社，1996.8.22.（第5刷）

26：山口昌哉，カオスとフラクタル，講談社，1998.3.20.（第26刷）

27：別冊・数理科学，ゆらぎ・カオス・フラクタル，サイエンス社，
　　1994.4.10.

28：別冊・数理科学（西村和雄編著），複雑系経済学とその周辺，サイエンス社，
　　2000.4.25.

29：マンフレッド・シュレーダー（竹迫一雄訳），フラクタル・カオス・パワー則，
　　森北出版，1997.3.25.（第2刷）

30：高安秀樹，フラクタル，朝倉書店，2000.9.20.（第25刷）

31：高安秀樹編著，フラクタル科学，朝倉書店，1997.9.20.（第10刷）

32：石村貞夫・石村園子，フラクタル数学，東京図書，1997.9.30.（第9刷）

4-2 峠のモデルケース「あやうい」を考える

　自動車にAI機能を搭載した「自動運転自動車」の登場は「AI時代を彷彿させる時代の先駆け的な技術革新」として、現在も「完全自動化運転」へと、技術・研究開発は進められています。

　同時に、高齢者のブレーキ踏み間違いや飲酒運転などで悲惨な交通事故もなかなか減ってはいません。

＊

　事故は、「車」、「人」の他、「道」という3つの要素が絡み合って、事故誘発の危険性に直接係わっています。
　いわゆる「あやうさ(危うさ)、あやうい(危うい)」です。

　この「あやうい」に影響を与える要素は、意外と「道」(道路)に由来することが多いのではないでしょうか。

　「事故の起こりやすい交差点」などがありますが、2020年の「交通安全白書」では、

> 「交差点内(34.3%)」「一般道路(32.7%)」「カーブ(14.0%)」「交差点付近(11.9%)」「踏切・その他(4.3%)」「トンネル・橋(2.6%)」

と、報告されています。

＊

　「事故の起こりやすい場所」は、なんとなく分かる気がしますが、もう1つ着眼しておきたい事項があります。

　「道路の規格が高くなると死傷事故は低下する」という項目があります。
　それによると、「全道路、自動車専用道路、一般国道、都道府県道など、市町村道その他」の順で事故率は高くなっていきます。

　地方都市では、生活に欠かせない「生活幹線道路」が必ずありますが、市街地だけでなく、片側に山を抱く中山間道も実はかなり存在しています。
　このような敷設地では、利用者の多くが高齢者であったり、その土地に不慣れな観光客の利用もあります。

　そして、これらは、見通しの良い直線道と曲がりくねったカーブが混在しており、特に、晩秋の紅葉行楽シーズンには、路面の凍結が起きていることも少なくありません。

　スピード自体はあまり出ていなくても事故に遭遇する「あやうさ」は、絶えず影のようにつきまとっています。

　特に「峠の道」は、曲がりくねりと直線、見通しの良い所と良くない所の混在が見られる道路と言えます。

　この「あやうい」は、はたして単純に「カーブ」や「交差点」だけで取り除けるのでしょうか。

　車は、絶えず移動しながら「居る地点は時間が止まらず、変化している」のです。

　「あやうい」は、思い込みという「時空のズレ」といった視点で考えてみましょう。

＊

　実際の事故では、事故発生個所は確かに「交差点、カーブなど」で起きているのは、事実ですが、人の感覚は「時間＝空間」という時系列では、ぴったりと一致していないのではないかと考えています。「時空のズレ」が発生しているのではないかと思います。

　事故の起きる起因は、その事故箇所より手前ですでに「事故誘発」へと軌道を変えているとしたならば、事故箇所の手前に「あやうい」の起点が存在していることになります。

　この「あやうい」を「アンケート」などを行わず、「物理的な尺度だけ」で、「ひとりの解析者でも客観的な指標を導き出せる」ことを前提で、

> あやういが存在する時点は、対象箇所手前で誘引されていることを具体的に示す

と、言うのが、本節のテーマです。

　つまり、「あやうい」には「思い込みという時空のズレが存在する」ことを「自己組織化」によって具体的に示そうという試みです。

第4章 時間に依存しない「場」のモデルケース

■モデルケース：長野市の中山間道

　モデルケースは長野市、松本市、上田市の概ね中間地点に当り、松本市と長野市を結ぶ主要幹線道路の国道19号線から山間に入った所です。

　調査対象区域の道路（図4-2-1）の海抜は約800mで、西南西方面の松本市の海抜が592m、北東方面の長野市が362m、東南東方面の上田市が456m、東北東方面の聖高原に近接する聖山高原は1447mで、スキー場があります。

　この聖高原は長野県の主要な観光地としても知られています。

　解析対象の道路は南北約1kmで西側が谷間、東側が山間であり、この道路に沿って集落が点在しています。

　積雪データは得られていませんが、道路を所管する平地部の長野市の最深積雪は気象庁の1962年以降のデータでは15cm〜50cm強なので相当量の積雪があると考えられます。

　長野県内では、このモデルケースのように国道や県道から分岐した中山間の道路が見られ、主要な地域を結ぶ幹線道路であることや観光地へのバイパスや集落の生活道路として使われていることが多いのが実情です。

　解析を行なうのに当り道路縦断方向に20mごとの測点を設定しました。その測点の位置が図4-3の道路横断方向の実線です。

　図に記載した道路線は、一部幅員が判別し難い所もあり、実際の道路幅員は概ね5mをもとに道路線形が分かりやすいように強調線で表示しています。

　データ取得のための調査は平成20年7月から8月に掛けて行なっています。作図は、等高線などを含め、縄田 学氏の協力で作ったものです。

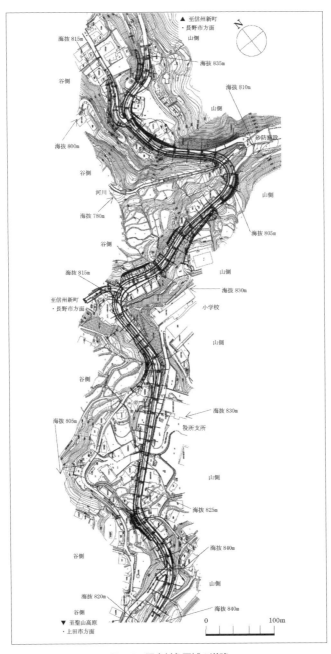

図4-3　調査対象区域の道路

■解析で用いた変量と測度(尺度)

モデルケースの変量(変数)と測度(尺度)は、**表4-1**に示す基準を用いています。

表4-1　解析で用いた変量および測度

	変量1	変量2	変量3	変量4
変量の内容	夜間照明の有無	日陰の状態	側面阻害	樹木などによる疎外
測度	2段階	9段階	6段階	2段階
1(安全側)	あり	0	5≧L	あり
2	なし	1/4>S>0	5>L≧4	なし
3		1/4程度	4>L≧3	
4		1/2>S>1/4	3>L≧2	
5		1/2程度	2>L≧1	
6		3/4>S>1/2	1>L	
7		3/4程度		
8		1>S>3/4		
9(危険側)		1		
備考	夜間照明:街頭	S:日陰の状態 1:終日日照 9:終日日陰 12月22日の冬至を想定	L:距離 擁壁、ポスト、バス停など、車の走行上阻害と思われるもの	道路面から見て、1.2m程度より低いものは対象外

	変量5	変量6	変量7	変量8
変量の内容	建物の有無	出入口・交差点近傍	縦断勾配	直線の見通し
測度	2段階	4段階	100(%)	距離(m)
1(安全側)	あり	20≧L		
2	なし	20>L≧10		
3		10>L		
4		交差点群		
5			実際の縦断勾配	地図上での直線の見通し距離
6				
7				
8				
9(危険側)				
備考	有人無人を問わず、建物陰から人や動物が出現することが考えられる	L:距離(m) 出入口:建物から 交差点:道路と道路の交差部分(民家の専用路含む)	各測点間の勾配入力は、(%)の数値を入れてデータとする	走行する車線中央から道路端部までの距離(m)

　「あやうい」について評価を行なう場合、その要因として考えられるものは「降雨」「積雪」「凍結」「道路上の陥没」「カーブ」「上り下り」などの、季節全般を通した道路自体の物理的状態や、運転速度、タイヤの状態を含めた自動車自体の状態があります。

　これらの他に「夜間」「朝日」「西日」「走行時間帯」「道路上の障害物」「霧」などの気象条件による視界や走行上の障害に係わる「環境の状態」、運転手の技量や疲労などの「身体的状態」、他の車や自転車や人、その他の動物による「他者の影響」など、さまざまな要因が複雑に係わりあっています。

　これらをすべて、「評価対象項目」として検討を加えることが望ましいと思われますが、現実的には困難であると言えます。

　ここでは地図からでもデータを取得できるように道路安全性を簡便に評価できることを考え、要因としての変量の数を抑えてあります。

＊

・変量1：夜間照明の有無
　測度は照明がある場合を"1"とし、ない場合を"2"とした2段階です。

・変量2：日影の状態
　12月22日の冬至を基準にして、東西南北を目安に日中 (9時から17時) の時間帯で終日日照の場合を"1"、終日日影の場合を"9"とした、9段階の測度で設定します。

・変量3：道路の横断面で見たときの、側面の視界の阻害物の有無
　「擁壁」「ポスト」「バス停」などの車の走行上阻害物と思われるもので、測度は「1m」ごとに5mまでを設定し、6段階です。

・変量4：樹木や生垣などによる視界の阻害物の有無
　測度は阻害物がない場合を"1"、ある場合を"2"とした2段階です。

　「変量3」と「変量4」における「視界の阻害物」を計測する高さは、運転者の目線の位置を想定して、道路面から「1.2m」の高さにしてあります。

・変量5：建物の有無

　測度はない場合を"1"、ある場合を"2"とした2段階です。

　「変量3」の側面阻害とはその大きさが異なるので、別の変量として分けています。

　また、屋根と壁が付いたバス停は「建物」として扱っています。

・変量6：建物あるいは敷地の出入口と他の道路との交差点

　測度は出入口または交差点まで20m以上の場合を"1"とし、10mごとに測度を与え、出入口や交差点部分では"4"として、4段階を設定します。

・変量7：道路の縦断勾配

　調査では「測点ごとの測量データ」から取得していますが、地図の等高線からでも取得することができます。

　測度は、「実際の勾配」(%)をデータとして与えており、水平が無勾配"0%"です。

・変量8：直線の見通し具合

　走行する車線中央部から道路端部までの「見通し距離(m)」をデータ化します。

　ここでの「見通し」とは、日本道路協会の道路構造令の視距ではありません。

＊

　このように、「変量」は8つを設定し、「測度」は各変量のうち自動車が走行する上で運転者に負担が少ないほうを「安全側」として数値を低く、「危険側」と考えられるほうを高い数値になるように揃えています。

　対象区域の道路の変量を与えた測点の番号は、次項の**図4-4**に示す通りです。

　始点を南側の測点「No.0」として、北側の52番目の終点を測点「No.51」としています。

　道路幅員はおおむね5m程度であり、民地側の「駐車場部分」や「交差点合流部分」「一部歩道部分」が道路部と重複している部分もあり、本稿では一定の道路幅員とみなして扱っています。

　これは、後述しますが、「偏差平方和の問題」になります。

　詳細な道路設計の検討を行なう段階では、高低測量を含めた路線測量を行なった上で、「道路幅員」「歩道の状態」「路面の凹凸や痛み」程度の変量を加えることが望ましいことです。

■解析とその結果

　解析の結果を示しましょう。

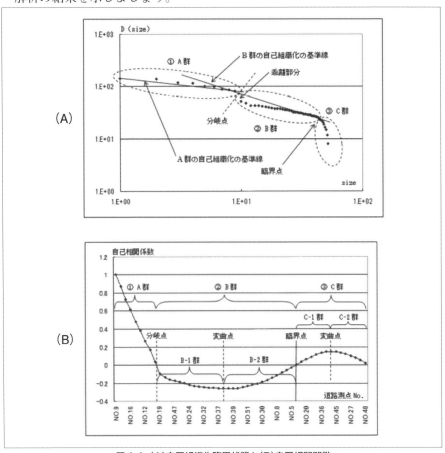

図4-4　(A)自己組織化臨界状態と(B)自己相関関数

　図4-4 (**A**)は解析対象の道路の測点全52ヶ所の「自己組織化臨界状態」です。
縦軸は各測点を個体として変量合成化をBiplotによって算出したベクトル

を平均「0」に中心化したときのノルムで、横軸はその大きさの順です。

また、**図4-4（B）**は自己相関係数を求めることにより、相関係数が「0」になる部分をもとに「群分け」を行なったものです。

　全体が①の部分のA群で全52ヶ所のうち9ヶ所、②の部分のB群が28ヶ所、③の部分のC群の15ヶ所から構成されているのが分かります。

　A群とB群はそれぞれ個体の集合の「系」を成し、Fractal次元は、A群は「0.074」。B群は「0.019」です。
　C群は、個体が「散逸・崩落」している部分です。

　A群とB群に各群の始点と終点の個体を結び、自己組織化の基準線を表示しています。
　これは、厳密に自己相似を起した場合この直線に重なるはずですが、統計的自己相似を用いた手法の場合は厳密に重なることはほとんどありません。
＊
　A群では基準線から緩い乖離は見られるものの、ほとんどが基準線に沿っています。
　B群では始点部分の分岐点に大きな乖離部分が見られます。

　これは、A群とB群との間に相似性がかなり異なり群を形成しているということです。
　この部分については、各群の説明を次頁で現地写真と合わせて行ないましょう。

　また、**図4-4（B）**はベクトルのノルムを大きさ順に統計的自己相似性を探るために求めた自己相関関数です。
　縦軸が「自己相関係数」で、横軸が「個体の自己相関係数の大きさ順に並んだ道路の測点番号」です。

　A群とB群の間は群分けするための分岐点です。
　また、自己相似性をもつA群とB群から、相似性を失い散逸・崩落をはじめているC群の境が、自己組織化臨界状態の重要な分岐位置を示す臨界点です。

B群とC群は，図の自己相関から変曲点を境に、B-1群とB-2群、C-1群とC-2群に分けることができます。

*

次に、群の関係について写真位置を説明しましょう。

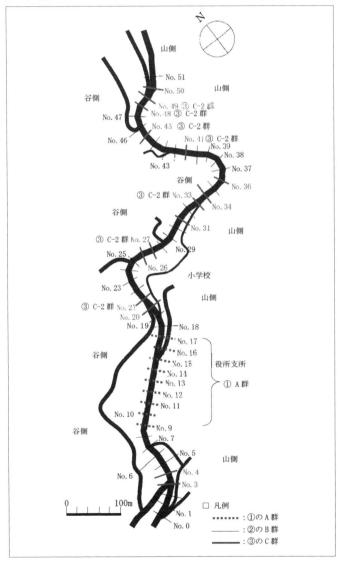

図4-5 解析結果の各群の分布

①：No50 → No.51 ②：No.48 → No.49 ③：No.49 → No.48

④：No.42 → No.41 ⑤：No.36 → No.35 ⑥：No.34 → No.33

⑦：No.29 → No.30 ⑧：No.24 → No.23 ⑨：No.24 → No.25

⑩：No.19 → No.20 ⑪：No.18 → No.17 ⑫：No.16 → No.15

⑬：No.10 → No.9 ⑭：No.5 → No.4 ⑮：No.2 → No.1

図4-6　現況写真（2008/7/26撮影）：写真下の数字は写真No.で、矢印は撮影方向

　図4-6の現況写真は2008年7月26日の午前11時から午後2時までの間に撮影されたもので、撮影角度は7を除き水平撮影です。

　①は対象区域の最終測点No.50（縦断勾配「8.44%」：以下、測点No後の「%」は縦断勾配）から「No.51」（8.44%）を、②は測点「No.48」（8.44%）から「No.49」（8.44%）の方向に撮影しています。

　②は、逆に測点「No.49」から「No.48」方向を撮影し、対象道路へ交差する民家の入り口部の様子を含めています。

　④は、測点「No.42」から「No.41」の方向を撮影しています。
　ここでの道路縦断勾配は測点「No.47」から「No.37」まで7.00%です。

　⑤は、測点「No.36」（3.96%）から「No.35」（3.96%）の方向を撮影しています。
　ガードレール越に谷側の樹木が見えているのが分かります。

　⑥は、測点「No.34」（3.96%）から「No.33」（3.96%）の方向を撮影しています。

　⑦は測点「No.29」（0.65%）から「No.30」（0.65%）の方向を道路側に撮影位置を傾けて撮影を行なっています。
　この写真のみ、水平撮影ではなく下側に傾けた写真にしています。

　道路右側の官民境界の部分に影が射していますが、この部分は図4-5の測点位置からも分かるように南の山と建物により終日日影が発生し、残雪が凍結しやすい部分です。

　⑧は、測点「No.24」（4.10%）から「No.23」（4.10%）の方向を撮影していますが、道路と駐車場の境界が不明です。

　そのほか、⑨は測点「No.24」（4.10%）から「No.25」（3.04%）を、⑩は測点「No.19」（2.81%）から「No.20」（4.10%）、⑪は「No.18」（2.81%）から「No.17」（2.81%）を、⑫は「No.16」（2.81%）から「No.15」（2.81%）を、⑬は「No.10」（4.41%）から「No.9」（4.41%）を、⑭は「No.5」（3.21%）から「No.4」（3.21%）を、⑮は「No.2」（5.41%）から始測点「No.1」（5.41%）を撮影したものです。

■結果のまとめ

「自己組織化臨界状態解析」の結果をまとめると、次のようになります。

・直線部分の道路で、走行上見通しが良い「A群」
・見通しが良い曲折部分の変曲点のB-1群と曲折部に掛かる変曲点手前の部分
　で、B-2群によって構成されている「B群」
・対象区域全体の相似性から散逸・崩落した「C群」

　この解析結果を「道路の安全性」という視点で考えると、自動車の運転上では運転者が注意を払うべき要因が少ないほど「惰性」「居眠り」「飲酒」「速度超過」「暴走」などの要因を除き、危険度のリスクは少ない。

　これに対して「夜間の見え難さ」「残雪」「側面の阻害物」「樹木による阻害」「建物からの人の飛び出し」「交差点」「縦断勾配の変化」「見通し」の要因が増えるに従って運転者に係わる注意を払うべき負担が増すということは走行するその道路の危険性が高くなるということです。

　これらから考えると、解析によって算出されたC群は対象区域道路全体で特性的な共通性が少なく、測点部で個々の特性をもち運転者へ注意を払うべき要因が増え負担が多くなる部分であるとも言えます。

　中山間道のうち特に過疎地域では道路整備などのインフラ整備への事業投資が抑制される傾向にあります。
　地域活性化を目指す地方都市では直販所・朝市などで活性化を試みており、それらに至る道路は中山間道が多い傾向をもっています。

　利用者には高齢者や他地域の人が多く、残雪の影響等様々な危険が道路には潜んでいます。B群はカーブということが事前に把握できていますが、C群では運転者が注意を払うべき要因が増えているため、危険性が増すことは否めないと言えます。

　特にブレーキを掛け停止するまでには相当の距離が必要であり、高齢者の場合はなお更であるといえます。

こうしたことから、曲折部の手前や前後する位置に危険を喚起することができれば道路の安全性に寄与が可能ではないかと考えられます。

つまり、

> 「あやうい」が存在する時点は、対象箇所手前で誘引されていることを具体的に示せた

と、言うことになります。

ここに、

> 「あやうい」は思い込みという「時空のズレ」

が存在していることと同時に「峠の風景」は多様性をもっているいことが分かります。

危険の啓発は、一様な「○m手前での表示」ではないことが、解析によって示すことができました。

つまり、「一様な標識設置」ではなく「多様な標識設置」による注意喚起によって、「その道にあった（あやうい）を取り除く」ことが大切であるということです。

■「偏差平方和」の問題

「偏差平方和」とは、下の式によって求めますが、各データ $(x_1, x_2, \dots, x_i)$ とそれらの平均値 $(\overline{x})$ の2乗をとり、すべてを足し合わせたものです。

道路幅が同じ幅であれば、偏差平方和は「0」になるので、計算ができなくなります。

$$\sum_{i=1}^{n}\left(x_i - \overline{x}\right)^2 \tag{02}$$

つまり、「道路」という問題であっても計算で解く場合は、同じ道路幅は入れても、計算を行う上での道路幅の情報量は、「ない」ということになるのです。

そのため、本モデルでは道路端からの状況をデータとして入れる工夫をしてあります。

【 参考資料・文献 】

01：小場瀬 令二：日常生活圏の道路の性格分類－生活道路の計画的研究（その４），
　　日本建築学会計画系論文報告集，NO.278，pp.147-154，1979.4.

02：浅野純一郎：長野市中央道路の誕生と沿道の建物更新並びにﾋﾞｽﾀの変化に
　　関する研究,日本建築学会計画系論文集,NO.556,pp.249-256，2002.6.

03：横山　裕，天野豊章：道路交通振動の感覚上の大きさを表示する物理量の
　　設定，日本建築学会構造系論文集，NO.563，pp.37-44，2003.1.

04：森原　崇，佐藤哲身，矢野　隆：構造方程式モデルによる鉄道騒音と道路
　　交通騒音に対する社会反応構造の比較，日本建築学会環境系論文集，
　　NO.585，pp.1-6，2004.11.

05：久貝壽之,加藤孝明：道路閉塞からみた道路網防災性能の構造の解明-ﾊﾟｰｺ
　　ﾚｰｼｮﾝ理論に基づいた地区レベル道路網の防災性能評価に関する基礎研究（そ
　　の４),日本建築学会計画系論文集，NO.615,pp.113-120，2007.5.

06：和田尚之：長野市の中山間道をモデルにした道路安全性の自己組織化臨界
　　状態解析（地域分析における自己組織化臨界状態に関する応用研究その5），
　　日本建築学会計画系論文集,第654号，2010.8.

第**5**章

時間に依存する
「場の風景」のモデルケース

ここでは、時間に依存する「場の風景」について、解説します。

5-1 商いの風景（商店の売り上げのモデルケース）

　物を売買する仕事が「商い」ですが、倉本長治著（倉本初夫編）の「商人のための人生読本，商業界，2008.2.29」の中に生活者のための商店を世界で初めて作ったのがロバート・オーエン（Robert Owen）の「住民のための店」というのがあります。

　ロバート・オーエンは英国の実業家で、人間の活動は環境によって決定されるという環境決定論を唱え英国社会主義の父とも称されています。

　売買の結果としての売上は「立地」「商品」「値段」、あるいは、飲食店なら「味」や「量」などによって大きく変化します。

　こうした「変化」（変動）は、時間とともに変化する、いわゆる「時間に依存する場」として捉えることができます。

　株価変動のように、1/1000秒で連続的に変化するものや、1日の最後の株価状態を表わす「終値（おわりね）」という離散化されたものが1日単位という連続変化として捉えることもできます。

　この「連続的な変化」を機械学習・AIを2段階で捉える前段が「自己組織化」

による方法を展開していますが、「時間に依存する連続的な変化」は「状態空間量」という考え方で扱う必要があります。

＊

「商いの風景」をできるだけ忠実に捉えるために、地方都市の観光地や駅周辺部を避けた住宅地の中にある店舗を選定して解析を行ないました。

「季節変動」や「不規則変動」の影響をできるだけ避けるようにしてあります。

■時間依存の状態を捉える「状態空間量」

数理学では「(時間に関わる)状態」とは、ある時点までの情報によって、その先の予測に必要なものを集めたものという意味で捉えます。

空間の状態は、任意の時点(時刻)を抽出して記述する場合と、状態が時間と共に遷移していく過程を概観する場合があり、知りたい目的に合わせて手法を選定する必要があります。

後者の場合、モデルを考えるには、時刻tが時刻t+1へ影響を及ぼしているとして、その後の状態に影響を与える負荷量の振る舞いを逐次修正しながらモデル化ができるような再帰的な表現を行なう必要があります。

具体的には、離散時間の挙動に対して発生する「システムノイズ」と「観測ノイズ」を考慮した「確率ダイナミックスシステム」として解くフィルタアルゴリズムが存在することが知られています。

ここでの時間依存の影響量を考慮するということは、時間と共に遷移していく状態空間(システム)が、そのシステムを構成する個々の要素の単独、または相互に作用した影響量によって構成されているという視点で考えることを意味しています。

＊

空間の状態を示すN次元状態ベクトルを「Q」とし、時刻tが変化していく状態量を「Q_t」としたとき、その遷移状態を、

$$Q_{t+1} = S_t Q_t + \Gamma_t \omega_t \tag{01}$$

として、考えます。

このとき、S_tは「N行N列の状態遷移行列で、Γ_tは「N行P列の駆動行列」、ω_tは「P次元システムノイズベクトル」で、Q_tは「M次元観測ベクトルY_t」を使い、

$$Y_t = M_t Q_t + \nu_t \qquad (02)$$

と表現できます。

M_tは「M行N列観測行列」、v_tは「N次元観測ノイズベクトル」で、これらのベクトルは確率変数として考えることができます。

この考え方を用いて、「時刻tまでの観測ベクトルY_j」(j=0,1,2,3,…,t)から状態ベクトルQ_tの最小分散推定量$Q(\Lambda)$を求めるのを「フィルタリング」と呼んでいます。

ここでは、モデルケースの年間売上額に対して適用して解説していきます。この手法が「カルマンフィルター」(Kalman filter)です。

■モデルケース

「街区」または「商店街」の商空間特性の定量化を行なうには、それらが分布する地域の「気象」や、広告などのイベントに加え各店舗などへの「来客者数」または「売上額」などの多変量データが必要になります。

そのため、単なる売上データの状態空間量を記述して考察する直接法だけでなく、他の変量との合成を考えた合成法の有効性を示す必要があります。

実際には、ある商店街等の地域データに個店の売上額すべてを取得することは小規模な研究体制では困難であることが多いと言えます。

そこで、データ協力の得られた個店をひとつの商店街がある商空間とし、その店舗でサービスしている複数の商品の売上を商店街に分布する個店のデータとして考えてモデル化の検証をすることにしています。

*

調査対象店舗は、図5-1に示す席数20、営業時間10：00～22：00の飲食店

です。

　また、扱い商品は、**表5-1**のような商品約30種をサービスしています。

　調査サンプリング期間は、**図5-6**に示す2000/1/1から12/31までの１年間です。
　定休日を除く実稼働日310日に対して解析を行なっています。
（対象店舗の承認を得て調査解析をしました）

図5-1　調査対象地と対象の店舗の扱い商品

[5-1] 商いの風景（商店の売り上げのモデルケース）

表5-1　扱い商品と価格帯

価格帯	飲み物	食べ物	その他
300円台	コーヒー、紅茶、ココア、ジュース		ケーキ、アイスクリーム
400円台	アイスコーヒー、アイスティー	トースト、サラダ	
500円台		日替わり定食、ピザ、丼A、ラーメン	酒、つまみ
600円台		スパゲティ、ピラフ、カレー、弁当、野菜炒め定食、焼きそば、丼B	パフェ
700円台		かつカレー、ハンバーグカレー、生姜焼き定食、丼C、かつ定食、ハンバーグセット	
800円台		ビーフシチューセット、チキンライス	

■解析とその結果

　解析にあたっては、取得データを「カルマンフィルター」に掛けてから、複数の扱い商品である変数が同様に複数となることから、「多変数の場合のBiplotによって合成理論」を適用します。

　その後、「自己組織化臨界状態表現」を行ない、小さな組織である「群」について考察を加えます。

　具体的な解析を行なう前に、「1年間の売り上げの推移」（図5-2）と「売上に対する状態空間量」（図5-3）を掲載しておきます。

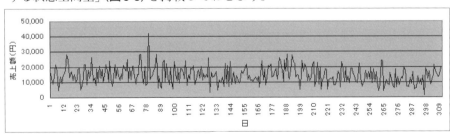

図5-2　1年間の売り上げの推移

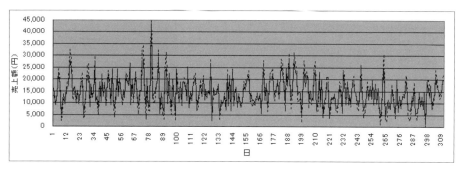

図5-3　1年間の売り上げの推移（破線部分）

　図中、突出した部分が見られますが、横軸は1年間の累積日ですので、3月中旬頃に突出しています。

　これは、年度末、新しい年度を迎えるにあたっての送別会による貸し切りです。

　あとは、日売上が1万から2万程度を推移している様子が見て取れます。

＊

　次に、解析の結果を示しましょう。

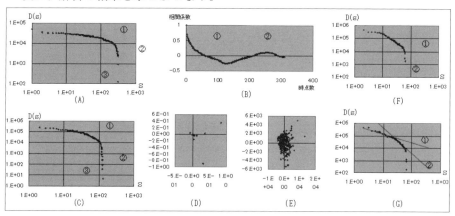

図5-4　状態空間量の「s－D(s)分布」と臨界点

[5-1] 商いの風景(商店の売り上げのモデルケース)

●時間領域での「s − D(s)」分布表現

図5-4(A)が、時間領域での「s-D(S)分布」です。

X軸は図5-2の総売上額を負荷量として捉えた、全310日ぶんの負荷量サイズの順位で表現されています。

全体の系が①②③によって構成されていることが見て取れます。

①から②へ、②から③へ系の状態が変化している点が臨界点と考えると、①と②はPower則に従う直線として分布を見せています。

①の部分は1〜59番目まで、②の部分は60〜209番目までの負荷量であり、③の部分は210以降310番目まで②の直線から乖離を見せ崩落している状態になっています。

この①の部分は、「勾配 α =-0.168」の直線に乗っており、勾配-1の「1/f」との決定係数は「0.960」で、Fractal次元は「1.832」です。

②の部分は勾配 α =-0.192の直線に乗っており、1/fとの決定係数は0.797で、Fractal次元は1.807です。

これらのことから、①と②はPower則に従い統計的自己相似性をもっていると考えられるので、①と②の2つの自己組織化をもった部分的な系が存在しているということです。

③はPower則から逸脱し始めているとして見ればノイズとして考えられますので、自己組織化は行なわれていないということです。

●臨界状態

「臨界状態」は、お互いが何らかの作用をもつ系を構成している場合、ある点まで自己組織化がなされ、臨界点を越えたときに崩落し破局に至るメカニズムの状態を知る上で重要となります。

図5-4(A)について自己相関係数を算出し、その相関性の推移を示したものが(B)です。X軸は時点数、Y軸は相関係数を示しています。

　この (B) から、①と②の部分で相関係数の符号が逆転している部分が臨界点です。
　(B) の①は、(A) の①と②の間にある臨界点を、(B) の②は (A) の②と③の間にある臨界点を示しています。
一般的に、時系列の相関係数は時点数が多くなるほど次第に減衰し収束傾向を見せていきます。

　また、(C) がSpectrum解析を行なった領域でのs-D(s)分布です。
　X軸はSpectrumの強度をサイズとして考えた順位で表現されており、Y軸がD(s)として記述した強度です。

　これも当然の結果ですが、(A) と同様に①②③の部分的な系が全体の系を構成していることが見てとれます。

● Biplotによる負荷量の布置

　(C) のもとになったデータは (E) です。
　(D) は変量の「Fベクトル」で、(E) は個体 (ここでは時系列上の日にち) の「Gベクトル」で、それらを2次元上に布置したものです。

　Biplotは、いわゆる「主成分分析」の1つですが、負荷量である個体の特性を総合特性として合成する際の「第1成分」「第2成分」が、それぞれ「X軸」「Y軸」に相当します。

　「多変量解析法」の手法を用いるなら、この「Fベクトル」「Gベクトル」によって意味付けを、この (D)、(E) の布置図から行なうことができます。

*

　(D) のX、Y軸の中心である原点に集中しているのがよく売れている商品であり、原点から離れているものがたまにしか出ない商品と言えます。

　これは (E) に対しても同じようなことが言えますが、原点に集中しているのが同じような売上傾向を示す日であり、そこから離れている点は良く売れた日か売上のほとんどない日であることが分かります。

＊

Biplotの場合、この (D) と (E) のグラフを同一平面上にプロットすることができます。

つまり、変量に対して個体がどのような位置づけで反応しているのかを読みとることができる点に大きな特徴があります。

ここでは、Spectrum領域でのs-D(s)分布表現を行ない、(A) と (C) の比較を行なうことが主眼なので、(D) (E) は本解析上の補助的な役割として位置づけられています。

●前半期と後半期に分けた場合の解析と、全体解析との比較

モデルケースの解析がどのような状態であるのか、という結果を与えるために、1年全体の推移（図5-2）を前半期と後半期に分けて解析を行なってみましょう。

＊

前半期を始点である起算日から128日分を、後半期は最後の310日分から逆戻りで128日ぶんをs-D(S)分布表現しています。

前者が図5-4の (F)、後者が (G) です。

この前半・後半のそれぞれの状態も1年全体である (A) と同様に①と②に自己組織化されている部分の系を見ることができます。

特にグラフ上では記述していませんが、(A) の③に相当する崩落した部分が存在しているのが分かります。

(A) (C) (F) (G) から検討すると、①の部分は売上額が大きい何らかの系の部分であり、②の部分は①に比べ売上額の少ない系の部分と考えられそうです。

これは、(D) (E) のBiplotの布置を併せて検討することで意味付けができます。

以上の過程と商品の単価構成から見て、①は「複数客」（グループ）または「繁忙時期帯」（あるいは時間帯）の系であり、②は個人客または小数利用時期帯（あるいは時間帯）の系であると考えられます。

サンプリング期間310日のうち (A) の①に相当する部分は19.03%で、②に相当する部分は「48.38%」です。

残りの「32.59%」はノイズであると言えます。

つまり、自己組織化がないことから特別な商品を注文したか、開店休業同様の中で注文されたものであると考えられます。

ここでは断定できませんが、「トライヤー」(初めての客)または「リピーター」という視点で見ると、ノイズ部分がトライヤーという線の考えも否定できません。

グループ利用などの繁忙時期帯と小数利用時期帯という点で考えますと、この店舗の約半分は単独客または小数利用客で、グループ客または繁忙時期帯に係る部分は約1/5です。

また、前半・後半のグラフを比較すると、後半期の方はグループ客または繁忙時期帯が増えていることが分かります。

これは、後半期が「夏のシーズン」「暮れのシーズン」を抱えていることからも容易に理解することができます。

●「自己組織化臨界状態」を使った限界収益

自己組織化の基本構造は、Fractal構造であることはすでに述べてきましたが、P.Bakらが示した「砂山モデル」(Sand-pile automaton)では、あるサイズをもった塊の大小によって自己組織化される部分が増減することを「隠喩のモデル」(**参考文献04**)として示しました。

また、全体の系に対して個々の要素が相互作用をしている場合は、Power則に従い「べきの直線上」に個々の要素は布置されます。

*

このことを考えると、モデルケースの店舗の扱い商品や業態そのものを変えない限り、「べきの直線」に乗った個々の要素の合計はこの系における限界収益と考えておかしくないと考えられます。

この考えに沿って計算すると、①のグループ客利用または繁忙時期帯だけでこの店舗の売上が構成されたと考えた場合には、全稼働日310日の合計売上額は6,082,595円であることが分かります。

　また、①は変わらないと仮定し、②の個人客利用または小数利用客が全体の系に大きく寄与したとした場合では「4,965,855円」です。

　実際の1年間の総売上額は「4,497,810円」となり、これらを考えると、この時点での経費を除いた限界収益は最大で「1,584,785円」から「468,045円」しか見込めませんが、すべてにノイズがなく自己組織化するとは考えにくいと言えます。

　この時点では、営業は店主1人です。
　図5-2、5-3の状態のうち、自己組織化している小さな集合(群)には、規則性があることを示しているので、現行のサービス形態やメニューの改善を行なうことで収益の向上は可能と考えられそうです。

　参考までに、年間の売上合計を集計したものを記載しておきましょう。
　表だけでなく、その下のタテ棒グラフを見れば店舗の特徴が一目瞭然です。
　コーヒー、カレーとスパゲッティに特化していることが理解できると思います。

　自己組織化では、こうした商品は常連客によって支持されていることが解析によって得られています。

　しっかりと昼食や夕食を取るというものではなく、現在ではあまり見られなくなった「昭和などで多く見かけた喫茶店という特徴」が浮彫りになっています。

表5-2　店舗での年間商品別売り上げ(単位：円/年)

コーヒー	790,625	カレー	926,135	サラダ	22,400
アイスコーヒー	213,020	日替わり定食	152,510	アルコール類	179,500
紅茶	60,450	生姜焼き定食	212,225	チキンライス	2,145
アイスティ	33,550	かつ定食	65,520	丼類	3,395
ココア	37,900	ハンバーグ定食	245,235	ラーメン	3,800
ジュース	168,300	野菜炒め定食	103,360	弁当	3,600
パフェ	53,220	焼きそば	132,710	つまみ	11,150
ケーキ	115,840	ビーフシチュー	75,050	アイスクリーム	3,740
スパゲッティ	658,420	トースト	7,250		
ピラフ	168,490	ピザ	47,270		

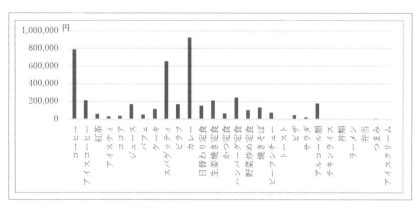

図5-5　店舗の商品別売り上げグラフ

【 参考資料・文献 】

01：和田尚之, 奥谷 巖：時間依存の影響量を考慮した商空間の特性定量化手法
　　の研究（地域分析における自己組織化臨界状態に関する応用研究その2）
　　日本建築学会計画系論文集, 第563号, pp.187-193, 2003.1.

02：P.Bak, C.Tang, and K.Wiesenfeld:Self-Organized Criticality.
An explanation of 1/f noise.Phys.Rev.LETT.59,381-384.1987.7

03：杉原敏夫：適応的モデルによる経済時系列分析, 工学図書, 1996.8

04：香取眞理：複雑系を解く確率モデル, 講談社, 1997.11

5-2 路の風景(人の脳波を使った景観のモデルケース)「ふうけい」を考える

　路の風景は、街並みなどの景観の「ふうけい」が大きく影響を与えています。

＊

　もちろん、視覚的な印象としての「風景」の他に、「音」や「樹木の香り」、さらには店舗などからくる「(食べ物などの)におい」「光の交錯」「風」「温度・湿度などの寒暖」「路行く人たち」などのさまざまな「雑踏」が入り混じって、1つの「ふうけい」に影響しています。

　この節では、上のさまざまな要因・要素が、「1つとなって人に影響を与えている状態を探るものの1つである脳波」に着眼して、具体的な景観を実験を通して「ふうけい」を「場の風景」として捉えてみたいと思います。

　※ この節の論考は(参考文献01および02)の学会論文を加筆・編集したものです。

■「ゆらぎ」に着眼して論旨を展開

　景観を「ゆらぎ」という視点で捉えようという研究をいくつか紹介しておきます。

　都市ファサードを分解しFractal次元を求めた研究(参考文献03)、街路シークエンス景観をゆらぎ値分布から記述法を考案した研究(参考文献04)、景観やスカイラインをゆらぎで捉えた研究(参考文献05、06などが知られています。

　このゆらぎに関する研究(参考文献14)は、都市景観等の空間を対象とし空間的変化として捉えようとするものと、さまざまな刺激から脳波や心拍などを用い時間的変化の振る舞い等を対象とするもの(参考文献07〜13)とに大別できます。

　後者の場合、脳波や心拍などの変化を時間的に変動する時系列として扱い、一定間隔のパルス列に変換したものをパワー量で表現したものです。

　これに対し前者の空間的変化を捉える研究は時系列としての時間軸を周期の代わりに波長 λ と、周波数の代わりに「空間周波数」($f=1/\lambda$)を用いてパワースペクトル密度により評価しようとするものです。

　しかしながら、町並み全体の中から都市景観の空間的変化を評価しようとする場合、空間周波数による手法ではある固定した部分を抽出して分析を行なうには有効と言えますが、連続的に町並みを捉えるには多くのシーンを解析する必要が発生します。

　この節での解説では、都市景観の評価をビデオモニターで撮影した上で、その映像を刺激として直接脳波から取得し空間的変化を時間的変化で捉え時系列上で連続的に扱う手法を提案しようとするものです。
　ただし、音やにおいなどは与えられていません。

＊

　脳波は「ふうけい」に影響を与える要因・要素などが複合的に合わさって形成されます。

　さらに、解析対象区域を連続的に捉えることで全体の中で断片的なシーンがどのようであるのかを自己組織化臨界状態の考え方を用いて解析する手法を示し、この手法の特性や長所，既往手法と比べた場合の提案手法の妥当性を検討していきます。

■「脳波測定」のモデルケース

　モデルケースは、長野県長野市の市街地を中心として224地点で行なっており、その都市景観を1996年9月から10月にかけて収録されたビデオ画像です。

　この画像に出てくる撮影したNo1からNo89地点で、各地点で30秒間を1カットとしてビデオ映像としており、脳波の測定には、14人の被験者から抽出を行なっています。

　また、脳波のデータ抽出に当たっては、国際脳波学会連合標準電極配置法によっています。さらに測定された脳波は高速Fourier変換処理し、パワー量にしたものをモデルケースの解析を行なう最初の基本データとしました。

表5-3　モデルケースのビデオで出てくる各地点の景観特徴

1	5m wide road, Residential quarter	31	5 ways road, Office	61	8m wide road, Sandstone, Trees
2	Same, No cars	32	5m wide road, Walker fence	62	8m wide road, Sandstone, Trees
3	3m wide road, Old houses, Trees	33	Walker fence, Houses, Cars	63	1m wide soil road, Trees
4	Alley, wall, Trees	34	3m wide road, Trees, Houses	64	2m wide road, Grass
5	Alley	35	Wall, Houses	65	Pavement, Trees
6	T-cross square	36	Houses, Sandstone pavement	66	1m wide road, Trees
7	T-cross square	37	1m wide road, High wall, Trees	67	3m wide road, Waterway, Fence
8	Wall, Residential quarter	38	1m wide road, Wall, Houses	68	3m wide road, Waterway, Fence
9	6m wide road, Office	39	2m wide road, Wall, Houses	69	4 ways road, Office, Cars
10	Crossroads	40	6m wide road, Wall, Houses	70	2 ways road, Office, Much traffic
11	5m wide road, Curve	41	5m wide road, Wall, Houses	71	3 way road, Trees, Much traffic
12	4 ways road	42	5m wide road, Curve, Houses	72	6m wide road, Trees
13	4 way road, Curve	43	5m wide road, Houses, Cars	73	3 way road, Trees
14	Office, 4 way road	44	3m wide road, Waterway, Wall	74	Pavement, Many shops
15	6m wide road, Houses	45	Waterway, Sandstone pavement	75	Arcade, Pavement
16	6m wide road, Houses, Trees	46	2 ways road, Trees, Houses	76	2m wide sandstone road, Trees
17	2m wide road, Waterway, Trees	47	Soil pavement, Trees	77	2m wide sandstone road, Trees
18	4 ways road, Office, Much traffic	48	6m wide road, Trees, Fence	78	1m wide sandstone road, Trees
19	Pavement, 6m wide road	49	6m wide road, Red roof house	79	2m wide sandstone road, Trees
20	Pavement (for walkers)	50	1m wide road, Wall, Trees	80	Open space with grass
21	2m wide road, High wall, Trees	51	Underground road	81	2 ways road, Trees
22	6m wide road, Cars	52	4 ways road, Trees	82	6m wide road, Trees
23	Wall, Houses, 5m wide road	53	Pavement, Shops	83	2m wide road, Waterway
24	1m wide road, High wall, Trees	54	1m wide road, High wall	84	4 ways road, Pavement
25	1m wide road, Wall, Houses	55	Pavement, Many shops	85	2 ways road, Trees, Grass bank
26	5m wide and sandstone road	56	4 ways road, Office	86	2 ways road, Trees
27	3m wide road, High fence	57	4 ways road, Office	87	2 ways road, Trees
28	5m wide road, Park	58	6m wide road, Trees	88	5m wide road, Trees
29	1m wide road, Houses	59	2m wide road, Sandstone road	89	4 ways road, Much traffic
30	1m wide road, Trees, Waterway	60	6m wide road, Trees		

※表は英文表記ですが、出典元の論文の表記を尊重し、そのまま掲載しています。

　脳波は、主に、脳周波数スペクトルの一部分である「δ帯域」（f＜4Hz）、「θ帯域」（4≦f＜8Hz）、「α帯域」（8≦f＜13Hz）、「β帯域」（13Hz≦f）の4周波数帯域があります。

　この中で、たとえば「1/8～1/13秒未満」の持続をもつ波を「α波」と呼んでいます。
「δ波」は深い熟睡期や無意識の状態にあるときに出現し、「θ波」は入眠初期やまどろみ、ひらめき時などに出現します。

　「α波」は覚醒安静時やリラックスした状態や心地よいときに出現し、「β波」は起きているときの通常時や不快感、緊張時などに出現することが知られています。

　これらの他にも、帯域が30Hz以上のときに怒りや興奮の状態にある「γ波」や「κ波」「λ波」などもあります。

＊

　また、「α波」「β波」はさらに細分化され、

　「α1波」(1/8〜1/10秒未満)、「α2波」(1/10〜1/13秒未満)、「β1波」(1/13〜1/25秒未満)、「β2波」(1/25〜1/30秒未満) があります。

　「α1波」は非常にリラックスした状態、「α2波」は平穏な状態、「β1波」は通常の活動状態、「β2波」は通常から不安定、あるいはストレスが溜まっている状態に出現します。

■解析とその結果

　人の目を介して脳に伝達された刺激は脳波として記述された場合、視覚的に認識することが可能です。

　この脳波は時間とともに遷移して行く過程に他なりません。

　この状態は、時刻tが時刻t+1に影響を与えているものとして考えた場合、その後の状態に影響を与える要因の振る舞いを逐次修正しながら再帰的な表現をすることで「Kalman filter」を使った状態空間量として捉えることができます。

　この状態空間量の表現の後に、α1からβ2までの (脳波への刺激としての) 変量について「Biplot」による変量合成をします。

　合成化したものを「Hausdorff's−次元外測度」によって、「自己組織化臨界状態」の表現へ誘導していきます。

　これらの解析のもととなった「α波」、「β波」の波形を**図5-5**に示します。縦軸が高速フーリエ変換した後のパワースペクトル密度で、横軸が各観測した測点です。

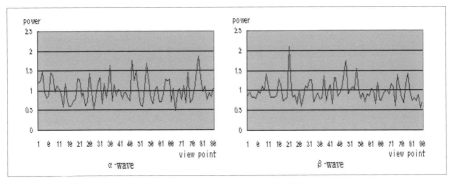

図5-6　測定脳波の「α波」と「β波」

　図5-6の左が「α波」で、右が「β波」です。
「β波」では21観測点付近でパワー量が突出しているのが分かります。

　これは、2m幅の道路に樹木はあるものの高い壁が迫っており圧迫感を与えているためと考えられます。

　また、「α波」では76-80観測点付近でパワー量が突出していますが、これは2m幅程度の砂利道、樹木群そしてオープンスペースへ繋がっている場所であり、心地よさに寄与しているであろうことが容易に想像できます。
　　　　　　　　　　　　　　　　　　＊
「α1」「α2」「β1」「β2」波をBiplotによって合成したものが、図5-6です。(1)は各観測地点での合成されたパワー量を示すF-ベクトル、(2)はそれらの観測地点でのパワー量に影響を与えているα1、α2、β1、β2波を変量とした場合の布置を示しています。

　この2つのベクトル図は同一平面上に重ね合わせることができます。

　変量とサンプルの位置と方向によって解釈を行なうことができ、(2)の変量は図の右に偏っており、それに対するサンプルは過半以上が図の中央付近に集まり、残りが右側に分布しています。

　(3)は合成された脳波が実線の部分で、Kalman filterによってフィルタリング

されたものが破線の部分です。(3)を観察しますと、α1の心地よいと感じる刺激とβ2の不安定あるいはストレスを感じさせる刺激が強い波形となって現れ、(1)の右側部分に点在しているのが分かります。

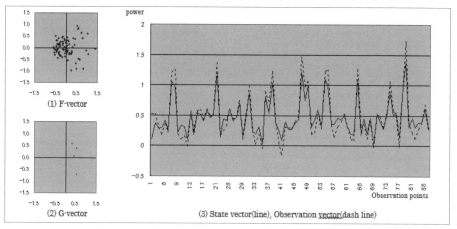

図5-7　Biplotによる変量強合成の布置（左の上下）とKalman Filterの状態空間量（右の破線部分）

　図5-6と図5-7を見比べれば分かりますが、Biplotによって合成された「α1～β2波」は、各観測点での刺激の強さとなって図4-2-2の(3)に現れています。

　これらから考えると、(1)の図中央付近に集まってきているサンプル（観測点）は別に気にも留まらない、ありふれた景観であると考えられます。

　モデル化のHausdorff s-次元外測度で説明した考え方にもとづいてグラフ化したものが図5-7です。

　(1)は「α波」、(2)は「β波」、(3)は「α1～β2波」を合成したもので、x軸方向が各要素の負荷密度の度合いをサイズとして捉えたときの順位、y軸方向はその大きさを示しています。
　この方法による表現はs-D(s)分布と呼ばれる分布図です。

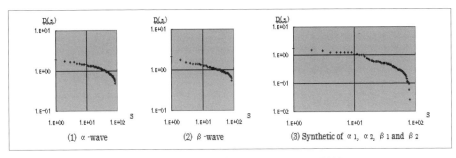

図5-8 「α波」「β波」と「α1、α2、β1、β2波」

●「α波」の自己組織化

(1) の「α波」のグラフを見ると、①の部分で直線的な並びを見せており、②の部分では少しずつ散逸化していき、③の部分の崩落へと至っていることが分かります。

具体的には、52番目までが「べき分布」であり、この「べき」の近似線に沿う決定係数は「0.947」、Fractal次元は「1.800」になっています。

表5-3のキーワードから抽出すると、「79,47,54,…,6」の54番目までが「べき」に沿っています。
79番の「砂利舗装と樹木」、47番の「土の舗道と樹木」、54番の「狭い道と高い塀壁」までが「自己組織化」している部分です。

そして、いちばん最後に崩落している部分は、22番目の「6m幅の道路と車がある部分」になっています。
「砂利舗装」や「土の舗装」「樹木」が心地よさに寄与していることが読み取れます。

代表的な観測点の写真を図5-8の (79) (47) に示します。
写真は各観測点（測点）のうち代表的なシーンのみを抽出しています。

図5-9　測点No.1からno.89までの内、各観測地点の代表的な測点

●「β波」の自己組織化

　(2)の「β波」のグラフを見ると、④の部分が(1)の①の部分より長くなっており、⑤の部分で急激に崩落が始まっています。

　ここでは、40番目までがべき分布であり、このべきの近似線に沿う決定係数は「0.987」、Fractal次元は「1.802」になっています。

　図5-9のキーワードから抽出すると、「21,49,54,…,80」の40番目までが「べき」に沿っています。

　21番は2m幅の道に「高い塀壁と樹木」、49番は6m幅の道路に「赤い屋根の家」があり、54番は1m幅の道に「高い塀壁」があります。
　ここまでが「自己組織化」している部分です。

　そして、最後の崩落を見せている部分は35番で、「壁」と「住宅」がいくつか集まっている部分になっています。

　幅の狭い道や迫るような塀壁は不安もしくはストレスを与える不快感として働き、どこにでも見られるような壁と住宅群はただのノイズとして係わっているため、通常時の感覚として現れてきた景観であろうと解釈ができそうです。

　ここでの観測点を、**図5-9**の(21)(54)に示します。

●「α1〜β2波」の自己組織化

「α1、、α2、β1、β2波」を合成したもののs-D(s)分布が(3)です。
ここでは、⑥から⑨までの4つの部分で自己組織化を見せています。

*

⑥の部分は、「1-14番」までで、「79,47,21,…,48番」、「べき」の近似線に沿う決定係数は「0.927」でFractal次元は「1.797」です。

表5-3のキーワードから抽出したものは、「砂利舗装と樹木」「土舗装と樹木」、「2m幅の塀壁と樹木」そして、「6m幅の道路と樹木とフェンス」になっています。

⑦の部分は、「15-18番」までで、「36,28,37,85番」、「べき」の近似線に沿う決定係数は「0.955」でFractal次元は「1.781」です。

表5-3のキーワードから抽出したものは、住宅群と砂利舗装、5m幅の道路と公園、1m幅の道と高い塀と樹木、2m幅の道と樹木と緑化された法面になっています。

⑧の部分は、「19-43番」までで、「18,25,16,…,80番」、「べき」の近似線に沿う決定係数は「0.793」でFractal次元は「1.866」です。

表のキーワードから抽出したものは、「4m幅の道路とオフィス群と交通量が多い場所」「1m幅の道と壁と住宅群」「6m幅の道と住宅群と樹木」そして「緑化されたオープンスペース」となっています。

⑨の部分は、「44-69番」までで、45,84,5,…,9番、「べき」の近似線に沿う決定係数は「0.792」でFractal次元は「1.786」です。

表のキーワードから抽出したものは、「水路と砂利舗装」「4車線道路と歩道」「細道」そして「6m幅の道とオフィス群」になっています。

ここでの代表的な観測点を図5-8の(48)(36)(18)(45)に示します。

*

以上の解析の結果から、「土」「緑」「樹木」などの要素は、都市景観のなかで、明らかに心地よさに寄与しており、狭い道などの場合圧迫感を感じさせるものや、住宅群、オフィス群や交通量の多い所はストレスなどの不快感などに寄与し、見慣れていると考えられるものはノイズ化し何の感慨も与えていないと言

えます。

　また、この (3) の合成された s-D(s) 分布では、脳波に与えられる α 波と β 波の刺激の強いものが自己組織化していると考えられるためキーワードからの抽出を見ても、心地良いものとそうでないものが介在して組織化されているのが分かります。

　これは、全体の系を1つに捉え、たとえばその系の存在するエリアの中で景観の再整備などを検討する場合、心地よい要素の中でどの要素が不快感を与えているかということを探るときに容易に判別ができるようにしたためです。
＊
　この節の最後に、モデル化の手法の幾何的アプローチと統計的アプローチについて若干補足を加えます。

　自己組織化の基本的な原理は Fractal 構造にあることはすでに述べましたが、系を構成する個々の要素（または要因）が相関性をもつ場合は「べき」の特性を示し、それを視覚的に確認するには s-D(s) 分布表現を行なうことで可能であることが分かりました。

　この場合 Log 表現されたグラフで直線状になる部分が「べき」の部分であることは当然と言えますが、散逸化し崩落を見せる部分はべきに従わないノイズでありFractal 構造にはならないことがすでに報告されています（**参考文献15**）。

　つまり、自己組織化は「小さな組織の結合によって全体の世界（系）を形成」しています。

> ※**第4章**、および**第5章**で用いた「Fractal 次元」の算出の根拠の定義は、（**参考文献16**）によって部分組織ごとに計算しています。

【 参考資料・文献 】

01：和田尚之，奥谷 巖：α波・β波を用いた都市景観の自己組織化臨界状態解析，日本計算工学会，Transactions of JSCES,Paper No.20020020,2002.7.26.

02：和田尚之，奥谷 巖，歴史的建築群と樹木群の自己組織化臨界状態解析，日本計算工学会, Transactions of JSCES, Paper No.20010047.

03：奥 俊信他，形態分解法による都市ﾌｧｻｰﾄﾞの特徴分析，日本都市計画学会学術研究論文集，No.27, pp733-738, 1992.

04：速水研太他，街路シークエンス景観の定量記述手法に関する研究，日本建築学会計画系論文集，No.502, pp155-162, 1997.12.

05：亀井栄治，景観のゆらぎ特性に関する研究，日本建築学会計画系論文報告集,No.449,pp101-108, 1993.7.

06：亀井栄治他，ｽｶｲﾗｲﾝのゆらぎとその快適感に関する研究，日本建築学会計画系論文報告集，No.432, pp105-111, 1992.2.

07：岡島達雄他，町並みのｲﾒｰｼﾞ分析，日本建築学会計画系論文報告集，No.379, pp123-128, 1987.9.

08：奥 俊信，街路景観構成要素と心理的効果との関係，日本建築学会計画系論文報告集，No.389, pp108-115, 1988.7.

09：山岸良一他，街路景観の＜複雑さ＞および＜秩序＞に関する実験的研究，日本建築学会計画系論文報告集，No.384, pp27-35, 1988.2.

10：井上昌次郎(武者利光編)，睡眠と覚醒にみられる意識のゆらぎ，ゆらぎの科学1，森北出版，1991.9.

11：山本光王章(武者利光編著)，脳細胞活動のゆらぎと意識の制御，ゆらぎの科学3，森北出版，1993.6.

12：前田敏博(武者利光編)，脳の発達とゆらぎ，ゆらぎの科学5，森北出版，1995.9.

13：八名和夫(武者利光編)，生体ゆらぎ現象の計測と信号処理，ゆらぎの科学6，森北出版，1996.6.

14：武者利光，ゆらぎの世界，講談社，1980.10.

15：高安秀樹，フラクタル，朝倉書店，1986.4.

16：石村貞夫・石村園子，フラクタル数学，東京図書，1997.9.30.(第9刷)

5-3 「ハイリスク&ハイリターン」を四分位数で解く

「場」には、「小さな組織」と異なる、違う部分組織があります。

「異なる組織」へ飛び超してつながる「ジャンプ」という概念を入れてみましょう。

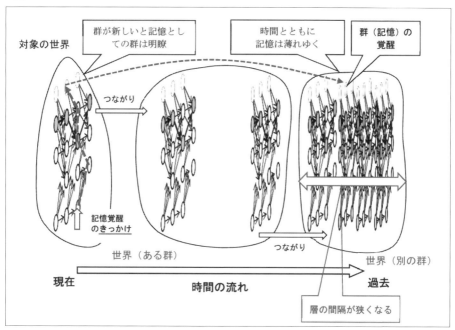

上の図は、左の群の集まりから、右の群の集まりへ「繋がっている」ことを示して表現したものですが、これは、「不連続に見える不規則変動」が「揺らいでいる」という現象にすぎません。

つまり「小さな群」が、いくつも重ねていくと、図の「時間とともに薄れゆく」という状態になります。

そして、あるきっかけをもとに、その「小さな群へ刺激が伝搬され発火」すると、「記憶の覚醒(呼び覚まし)」が起きます。

これらの「小さな群」は、いくつかの集まりとなって「場の世界」を形成しています。

それらは、「それぞれに関わりをもつ関係」によって結ばれているために、統計的自己相似性をもつ「自己組織化の大きな系を形成」しています。

ここに、「機械学習やAIで、すべてのデータを一気に扱わなくても2段階で解く」という方法に発想を転換することで、自前のパソコンでも大きなデータを解けることの意味が出てきます。

ここでの「2段階で解く」とは、

第1段階:自己組織化で解析対象全体を「小さな群」の集まりにする

第2段階:小さな群をいくつかの群と合わせて「機械学習・AI」の計算を行なう

というステップを踏むことで、「データの特徴」を把握しながら、解析・計算を進めていけるということができます。

そして、「小さな群の集まり」は、データを扱う人が「十分に理解可能な範囲」で解析ができます。ここに「説明できるAIへの新たなアプローチの道」が開くことができます。

■小さな群のイメージを分かりやすくする「四分位数(Quartile)」

よく「ハイリスク」とか「ローリスク」という言葉を見聞きします。

ここで言う「リスク」は経済学で「危険率」のことです。
これは「箱ヒゲ図」を使うと理解が容易です。

図5-10　ハイリスク「山が高く中腹が狭い」(左)と、ローリスク「山が低く中腹が広い」(右)

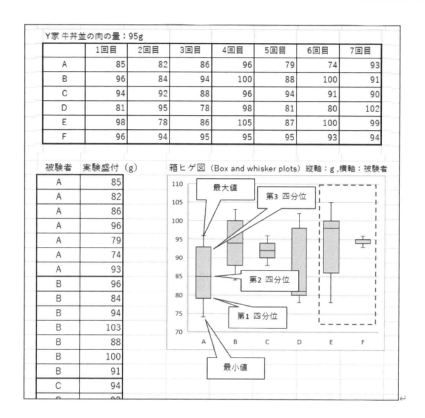

図5-11　四分位数とExcelで四分位数を求める方法

> ※Excelで四分位数を求める場合は、図の左下のような縦列のデータの入れ方を
> します

「四分位数」で重要な部分は「箱ヒゲの箱の部分」です。
この「箱」の大きさが、対象のデータの特徴を捉えているからです。

具体的な「四分位数の計算の仕方」を次の図に示しておきます。

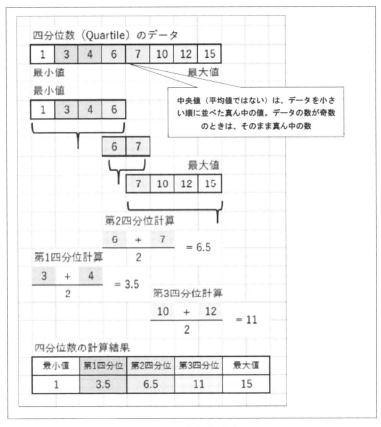

図5-12　四分位数の仕組み

　図5-12は、「ある牛丼屋さん」のご飯の上に掛ける牛丼の量(g)と、その中の「E さんとFさん」という方の盛付を7回測ったデータです。

　標準の牛肉の玉ねぎやタレの量を「95g」としましょう。

表5-4　EさんとFさんの盛付

	1回目	2回目	3回目	4回目	5回目	6回目	7回目
E	98	78	86	105	87	100	99
F	96	94	95	95	95	93	94

「Eさん」は、最小値が「78g」で、最大値が「105g」、バラつきの幅は「27g」です。
「Fさん」は、最小値が「93g」で、最大値が「96g」、バラつきの幅は、「3g」です。

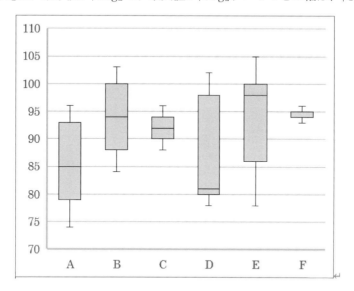

図5-13　EさんとFさんの盛付量の比較

もし、読者がこの店舗のオーナーであるとした場合、店を任せるとすれば、「F
さん」の方ではないでしょうか。
　お客さんもお店に来るたびに「量が違って、同じ料金」なら、「ちょっと…」と
なるのではないかと思います。

　このFさんのような状態が「ハイリスク・ハイリターン」です。
　そして、Eさんの方は「ローリスク・ローリターン」になります。

　EさんもFさんも雇うとしたなら、「同じ給料」という訳にはいきません。
　腕の良い料理人は「給料は高い」のですが、とりあえず誰でもよいのなら「給料
は安い」になります。高い腕をもつシェフの所は、結局、お店の売上も伸びます。
　シェフが誰でも良いのなら、Eさんのように「バラつき」があっても、それは
経営方針次第ということになります。ローリスク・ハイリターンはめったに起
きないのです。
　つまり「よいものへの投資は高いが、利益も大きい」ということです。

これが、「四分位数の箱ヒゲ図」であぶり出されるデータの本質的な意味です。

この四分位数という考え方は「多様化と一様化」を判断するには、とても便利なツールといえます。

ただし、Excelの「株価チャート」では「始値、高値、安値、終値」の4つと日ごとのデータを入れます。

■「一様性」と「多様性」

最近、「多様性」(Diversity) という言葉をよく見聞きすることが多くなってきました。これに対比されるのが、「一様性」(Uniformity)です。

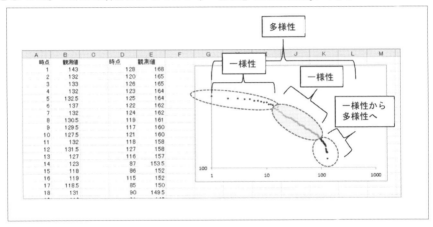

図5-14　小さな群と臨界点

図5-14のグラフでは、左から、「一様性」「一様性」「一様性から多様性へ」と「小さな群」ごとの特徴を形容しています。
そして全体的には、「多様性」という括りです。

小さな群には、左からある勾配(これが小さな群の特徴です)をもったものが2つあり、そして最後は「多様性」となっていますが、これは「統計的な自己相関性の強弱」によって各群の特徴が形成されています。

最期の小さな群は、「全体としての系である世界」から、臨界点を経て、散逸

化され、次第に崩落し、最後は自然淘汰という過程をたどり、「ほとんど自己相関性がない"0"」に収束していきます。

＊

「一様性」は、ある小さな群に何らかのルールが存在して、群としての傾向をもつのに対して、「多様性」は、群との相関性が薄れ、「個」が共存している世界と言えます。

たとえば、ある集団で「異を唱えれば、次第に群から滑り落ちていく」という現象は、人間社会では、古今東西ほとんど変わりありません。

これは、人以外の生物にも見られる現象ですが、対象全体の系で捉えると、小さな群を見落とし、「個」の「変容や振舞い」を見落としてしまいます。

これは、**6章**の自己相関関数」で、収束の様子を見て取れます。

＊

近年、成長し成功している企業では、「個」を押さえつけるのではなく、許容幅を広げていくことで、ビジネスチャンスの守備範囲を広げるという戦略が功を奏しているようです。

こうした現象は、「自己組織化の現象」を考えれば、「群」が安定的に、その位置を確保するためには有益であることが示されつつあります。たとえば、マートンモデル（金融モデルのブラック・ショールズ理論の破綻を修正した金融モデル）で用いられる「ジャンプ」という考え方です。

＊

現在は、多様性の時代とも言われますが、「個」の許容幅を広げることで、その群そのものが安定し、成長を遂げることが必要になってきた時代とも言えるかもしれません。ただし、これらの変動には「大きな力は不要」であることもカウフマンは述べています。

小さな「個」が、集まり「うねり」が生じることで、群は突然崩落を始めることがあります。大地震などもそうですが、これらは、実は「小さな個」が重なることで、起きているのです。

この「個」を見つける鍛錬ができれば、悲惨な災害による甚大な被害も未然に防げることを意味しています。

※本文中の「系」について、対象全体に作用する「システム」のことを「系」と呼びます。

第6章

「自己組織化」のための
「多変数の合成理論」

ここでは、「自己組織化」を実行していくために不可欠
な「多変数の合成理論」について解説します。

6-1 「時間依存」と「時間非依存」

データサイエンスでは、「子供の成長過程」を概観する「身長」と「体重」がよく
用いられます。

標本である「Aさん、Bさん、Cさん、…」は、データである標本は「互いに独
立」であり、「Aさんの身長」と「Bさんの身長」では、お互いに何の関係性はあ
りません。

これが「お互いに独立」である状態と言います。

たとえば市場分析でよく用いられる「味、量、値段、天気、気温」なども「お
互いに独立である変数(変量)」から構成されています。

*

これに対して、「Aさんの身長と体重の成長過程の変化」は、過去のAさん、
そして現在のAさんの場合は、時間変化とともに成長しているので、各時点で
のデータは独立ではありません。過去の上に現在がつながっているからです。

一般的に、このようなデータは「時系列(time series)データ」と呼ばれてい
ます。

「制御工学」(Control Engineering)の分野では、この時間領域に関する状態
量のことを「状態空間(State Space)の情報量」として位置付けられています。

また、「情報量」(Amount of information)と、ある事象が起きた際に、それ

がどれだけ起こり難いかを指す情報理論の「エントロピー」(entropy) とは、意味が異なります。

　ある対象の状態を把握するために、「機械学習」や「深層学習」(Deep Learning) で解くためには、あまり神経質になるほど厳密なデータの区分けにこだわるのも考えものです。
　しかし、そうかと言って、何でもかんでも「データに放り込む」のも注意が必要です。

＊

　本書の**第4章**と**第5章**では「時間依存の有無別のモデルケース」を掲載しているので、使うデータの特徴の使い分けについて、ここではその理論の補足をしていきます。

6-2　時間に依存しない状態(Biplotの理論)

　ここでは、「時系列上の変化の過程」ではなく、ある時点での「空間の状態」を「時間に依存しない場合の状態」として位置付けします。

■Biplotの合成理論

　与えられた変数(変量)または観測量は「データ行列」として扱い、このデータを合成し、同一空間内に変数と個体を布置させる方法の1つに、「Biplot」があります。

　「Biplot」(バイプロット)は、1971年にK.R.Gabrielによって提案された手法で、統計学での多変量解析法の「主成分分析法」(PCA：Principal Component Analysis) と同じ手法です。

　「Biplot」は、「変数」と「個体」を同一2次元平面上に布置できるという特徴をもっているところに大きな特徴があります。

　(一般的に統計学では、「変数」の他、「変量」という呼称を使うことが多いです)
　先に「特異値分解」(Singular Value Decomposion) を行ない、それから「Biplot」を考えます。

[6-2] 時間に依存しない状態(Biplotの理論)

①特異値分解

階数rの「行列Z」(n×l)を考えます。

この「行列Z」は、

$$Z_{n \times l} = A_{n \times r} \, D\lambda_{r \times r} \, B_{r \times l}^{T}$$ (01)

A, B：正規直交ベクトルを列ベクトルにもつ行列。($AA^T = BB^T = I$)
$D\lambda$：対角成分 $\lambda_1, \lambda_2, \cdots \lambda_r$ ($\lambda 1 \geqq \cdots \geqq \lambda r > 0$)を有する対角行列
λ_r：特異値

という特異値分解として表わすことができます。

この「行列Z」は、特異値分解の考え方から、

$$Z^T Z = \left(A \, D\lambda \, B^T \right)^T \left(A \, D\lambda \, B^T \right)$$
$$= BD\lambda \, A^T \, AD\lambda \, B^T = BD\lambda \, D\lambda \, B^T = BD^2\lambda \, B^T$$ (02)
$$ZZ^T = \left(AD\lambda \, B^T \right)\left(AD\lambda \, B^T \right)^T = AD^2\lambda \, A^T$$ (03)

と、することができます。

ここで、上式は、「行列Z^T…Z」、さらに「ZZ^T」のSpectrum分解として表わすことができます。

これによって、「$\lambda^2 r$」は行列「$Z^T Z$ と ZZ^T」の固有値であり、Bの列ベクトルは「$Z^T Z$」の固有ベクトル、Aの列ベクトルは「ZZ^T」の固有ベクトルである「固有値問題」として扱えることが分かります。

121

② Biplot

n個体-p変数の観測量が、**表6-1**に示すように考えます。

各変数について平均0に中心化した場合、このn×pデータ行列をΦと置けば，その特異値分解は、

$$\boldsymbol{\Phi}_{n \times p} = \boldsymbol{A}_{n \times r} \, \boldsymbol{D} \lambda_{r \times r} \, \boldsymbol{B}_{r \times p}^{\;T} \tag{04}$$

と、表現できます。

表6-1 n個体-p変数(変量)

	$\varphi_1, \varphi_2, ..., \varphi_p$
1 2 ・ ・ ・ n	$\varphi 11 \cdots \cdots \cdots \cdots \cdots \cdots \varphi p1$ $\varphi 12 \cdots \cdots \cdots \cdots \cdots \cdots \varphi p2$ ・ ・ ・ $\varphi 1n \cdots \cdots \cdots \cdots \cdots \cdots \varphi pn$

この「n×pデータ行列Φ」を変量合成し、視覚的情報としても理解しやすいように階数2の行列で近似(≅：チルダ)します。

$$\boldsymbol{\Phi}_{n \times p} \cong \boldsymbol{\Phi}_{(2)n \times p} \tag{06}$$

とすれば、同様に、

$$\boldsymbol{\Phi}_{(2)_{n \times p}} = \boldsymbol{A}_{(2)_{n \times 2}} \, \boldsymbol{D} \lambda_{(2)_{2 \times 2}} \, \boldsymbol{B}_{(2)_{2 \times p}}^{\;T} \tag{07}$$

と、することができます。

このときの、階数2の行列で近似した場合の誤差は、

$$\left\| \boldsymbol{\Phi} - \boldsymbol{\Phi}_{(2)} \right\|^2 = \lambda_3^2 + ... \lambda_p^2 \tag{08}$$

となります。

データ行列から得られた情報は、これによって2次元に要約することができた訳ですが、視覚的に確認できるようにするため、

$$\boldsymbol{F}_{n\times 2} \equiv A_{(2)}\,\boldsymbol{D}\lambda_{(2)} \tag{09}$$

$$\boldsymbol{G}_{p\times 2} \equiv \boldsymbol{B}_{(2)} \tag{10}$$

と置くと、「Fベクトル」(標本のベクトル)と「Gベクトル」(変数のベクトル)の行ベクトルを同一平面上に布置できます。

これは、p個の変数「$\varPhi_1,\ \varPhi_2,\ ...,\ \varPhi_p$」によって情報空間を考えた場合、「総合特性値」(合成変数)としてm個の成分で要約します。

変数に作用する係数をw_{ki}、合成変数を$Q\,m$とすれば、

$$\begin{cases} Q_m = \displaystyle\sum_{i=1}^{p} w_{mi}\,\boldsymbol{\varPhi}_i \\[2mm] \displaystyle\sum_{i=1}^{p} w_{ki}{}^2 = 1 \ \ \left(k=1,2,\cdots,m\right) \end{cases} \tag{11}$$

を、基本条件とし、p個の変量とn個の個体を考えたときm個の成分で要約する主成分分析と同じ考え方です。

「Biplot」の場合、Fベクトルが主成分分析の第1成分得点、第2成分得点に相当し、Gベクトルがそれらの主成分の係数を表しています。

■「Biplot」のプログラム

ExcelのVBAのプログラムを下に掲載します。

リスト6-1 BiplotのExcel VBAプログラム

```
    Sub BIPLOT()

        GoSub 10010 'DATA-IN

        ReDim XAVERAGE(nv), VARIANCE(nv), RHO(nv, nv)
        ReDim XLARGE(nv), XSMALL(nv)
        ReDim SD(nv), COV(nv, nv)

        ReDim WX(nv)
        ReDim R(nv, nv), E(nv), VE(nv, nv) 'DIMENSION
HERE FOR VBA

        GoSub 11010 'COMPUTE BASIC STATISTICS

        GoSub 12010 'DISPLAY BASIC STATISTICS

        GoSub 13010 'NORMALIZE

        ReDim D(nv), V(nv, 2), U(NC, 2)

        GoSub 43010 'SINGULAR

        GoSub 20010 'SINGULAR PRM

        ReDim F(NC, 2), G(nv, 2)

        ISW = Range("S3") 'ISW=TYPE OF BIPLOT
        If ISW < 1 Then MsgBox "WRONG CODE"
        If ISW > 2 Then MsgBox "WRONG CODE"
        If ISW = 1 Then GoSub 21010 Else GoSub 22010

        GoSub 23010

        End
```

```
10010: 'DATA-IN

         NC = Range("G3") 'NC=NUMBER OF CASES
         nv = Range("M3") 'NV=NUMBER OF VARIABLES

         ReDim X(NC, nv)

         For I = 1 To NC
         For J = 1 To nv
         X(I, J) = Cells(I + 8, J + 1).Value
         Next J: Next I

         Return

11010: 'COMPUTE BASIC STATISTICS FOR MULTIVARIATE DATA

         'NC --------- NUMBER OF CASES
         'NV --------- NUMBER OF VARIABLES
         'X(NC,NV) --- DATA MATRIX

         'XAVERAGE(NV) -------- MEAN VECTOR
         'VARIANCE(NV) -------- VARIANCE VECTOR
         'COV(NV,NV) ---------- COVARIANCE MATRIX
         'RHO(NV,NV) ---------- CORRELATION MATRIX
         'SD(NV) -------------- STANDARD DEVIATION VECTOR
         'XLARGE(NV) ---------- MAX VALUE VECTOR
         'XSMALL(NV) ---------- MIN VALUE VECTOR

         ReDim WX(nv)
         For IP = 1 To nv
         WX(IP) = X(1, IP)
         XAVERAGE(IP) = 0
         XLARGE(IP) = X(1, IP)
         XSMALL(IP) = X(1, IP)
         For JP = 1 To nv
         COV(IP, JP) = 0
         Next JP
         Next IP

         For IC = 2 To NC
```

```
            For IP = 1 To nv
            WI = X(IC, IP) - WX(IP)
            XAVERAGE(IP) = XAVERAGE(IP) + WI
            If XLARGE(IP) < X(IC, IP) Then XLARGE(IP) = X(IC,
IP)
            If XSMALL(IP) > X(IC, IP) Then XSMALL(IP) = X(IC,
IP)
            For JP = IP To nv
            COV(IP, JP) = COV(IP, JP) + WI * (X(IC, JP) -
WX(JP))
            Next JP
            Next IP
            Next IC

            For IP = 1 To nv
            XAVERAGE(IP) = XAVERAGE(IP) / NC + WX(IP)
            Next IP

            For IP = 1 To nv
            For JP = IP To nv
            COV(IP, JP) = COV(IP, JP) / NC - (WX(IP) -
XAVERAGE(IP)) * (WX(JP) - XAVERAGE(JP))
            COV(JP, IP) = COV(IP, JP)
            Next JP
            VARIANCE(IP) = COV(IP, IP)
            SD(IP) = Sqr(VARIANCE(IP))
            Next IP

            For IP = 1 To nv
            For JP = IP To nv
            RHO(IP, JP) = COV(IP, JP) / (SD(IP) * SD(JP))
            RHO(JP, IP) = RHO(IP, JP)
            Next JP: Next IP

            Return

12010: 'DISPLAY BASIC STATISTICS

            Cells(1, 23) = "BASIC STATISTICS"
            Cells(1, 30) = "Number of cases"
            Cells(1, 32).Value = NC
```

```
            Cells(3, 23) = "Var"
            Cells(3, 24) = "Mean"
            Cells(3, 25) = "Vari"
            Cells(3, 26) = "SD"
            Cells(3, 27) = "Min"
            Cells(3, 28) = "Max"

            ISTEP = 0
            For IP = 1 To nv
            ISTEP = ISTEP + 1
            Cells(3 + ISTEP, 23).Value = IP
            Cells(3 + ISTEP, 24).Value = XAVERAGE(IP)
            Cells(3 + ISTEP, 25).Value = VARIANCE(IP)
            Cells(3 + ISTEP, 26).Value = SD(IP)
            Cells(3 + ISTEP, 27).Value = XSMALL(IP)
            Cells(3 + ISTEP, 28).Value = XLARGE(IP)
            Next IP

            LP = 15
            For IIS = 1 To nv Step LP
            IE = IIS + (LP - 1)
            If IE > nv Then IE = nv

            IPSTEP = 0
            For IP = IIS To IE
            IPSTEP = IPSTEP + 1
            Cells(nv + 8 + IPSTEP, 23).Value = IP
            Next IP

            JPSTEP = 0
            For JP = 1 To nv
            JPSTEP = JPSTEP + 1
            Cells(nv + 8, 23 + JPSTEP).Value = JP
            IPSTEP = 0
            For IP = IIS To IE
            IPSTEP = IPSTEP + 1
            If IP > JP Then
            Cells(nv + 8 + JPSTEP, 23 + IPSTEP).Value =
RHO(JP, IP)
            Else
```

```
        Cells(nv + 8 + JPSTEP, 23 + IPSTEP).Value =
COV(JP, IP)
        End If
        Next IP
        Next JP
        Next IIS
        Cells(nv + 6, 29) = "Correlation Matrix(upper) &
Covariance Matrix(lower)"

        Return

13010: 'NORMALIZE

        For I = 1 To NC
        For J = 1 To nv
        X(I, J) = X(I, J) - XAVERAGE(J)
        Next J: Next I

        Return

20010: 'SINGULAR.PR

        Cells(nv + 3 + nv + 11, 24) = "Lambda-square"
        JSTEP = 0
        For J = 1 To nv
        JSTEP = JSTEP + 1
        Cells(nv + 3 + nv + 12, 23 + JSTEP).Value = D(J)
        Next J

        ISTEP = 0
        For I = 1 To nv
        ISTEP = ISTEP + 1
        JSTEP = 0
        For J = 1 To 2
        JSTEP = JSTEP + 1
        Cells(nv + 3 + nv + 17 + ISTEP, 23 + JSTEP).Value
= V(I, J)
        Next J: Next I

        Cells(nv + 3 + nv + 16, 25) = "V - Matrix"
        Cells(nv + 3 + nv + 16, 28) = "U - Matrix"
```

```
          ISTEP = 0
          For I = 1 To NC
          ISTEP = ISTEP + 1
          JSTEP = 0
          For J = 1 To 2
          JSTEP = JSTEP + 1
          Cells(nv + 3 + nv + 17 + ISTEP, 26 + JSTEP).Value
= U(I, J)
          Next J: Next I

          Return

21010: 'METHOD-1

          For I = 1 To NC
          For J = 1 To 2
          F(I, J) = U(I, J) * Sqr(D(J))
          Next J: Next I

          For I = 1 To nv
          For J = 1 To 2
          G(I, J) = V(I, J)
          Next J: Next I

          Return

22010: 'METHOD-2

          For I = 1 To NC
          For J = 1 To 2
          F(I, J) = Sqr(NC) * U(I, J)
          Next J: Next I

          For I = 1 To nv
          For J = 1 To 2
          G(I, J) = V(I, J) * Sqr(D(J) / NC)
          Next J: Next I

          Return

23010: 'BIPLOT.PR
```

```
            Cells(nv + 3 + nv + 14, 36) = "Type of Biplot"
            Cells(nv + 3 + nv + 14, 37).Value = ISW

            Cells(nv + 3 + nv + 16, 32) = "F - Matrix"
            Cells(nv + 3 + nv + 16, 34) = "G - Matrix"
            ISTEP = 0
            For I = 1 To NC
            ISTEP = ISTEP + 1
            JSTEP = 0
            For J = 1 To 2
            JSTEP = JSTEP + 1
            Cells(nv + 3 + nv + 17 + ISTEP, 30 + JSTEP).Value
= F(I, J)
            Next J: Next I

            ISTEP = 0
            For I = 1 To nv
            ISTEP = ISTEP + 1
            JSTEP = 0
            For J = 1 To 2
            JSTEP = JSTEP + 1
            Cells(nv + 3 + nv + 17 + ISTEP, 33 + JSTEP).Value
= G(I, J)
            Next J: Next I

            Return

41010: 'JACOBIAN FOR EIGENVALUES AND VECTORS

            For I = 1 To N
            For J = 1 To N
            R(J, I) = R(I, J)
            Next J: Next I

            GoSub 1000

            For I = 1 To N
            E(I) = R(I, I)
            Next I
```

```
          Return

1000:
          For I = 1 To N
          For J = 1 To N
          VE(I, J) = 0
          Next J
          VE(I, I) = 1
          Next I

100:      A1 = 0
          For I = 1 To N - 1
          For J = I + 1 To N
          If A1 >= Abs(R(I, J)) Then GoTo 200
          A1 = Abs(R(I, J))
          P = I
          Q = J
200:      Next J
          Next I

          If A1 <= ETA Then GoTo 500
          D11 = R(P, P) - R(Q, Q)
          T11 = -2 * R(P, Q) / (D11 + Sqr(D11 ^ 2 + 4 *
R(P, Q) ^ 2))
          C11 = 1 / Sqr(1 + T11 ^ 2)
          S11 = C11 * T11

          For I = 1 To N
          VE1 = VE(I, P) * C11 - VE(I, Q) * S11
          VE(I, Q) = VE(I, P) * S11 + VE(I, Q) * C11
          VE(I, P) = VE1

          If I <> P And I <> Q Then GoTo 300
          GoTo 400

300:      A2 = R(I, P) * C11 - R(I, Q) * S11
          R(I, Q) = R(I, P) * S11 + R(I, Q) * C11
          R(I, P) = A2
          R(Q, I) = R(I, Q)
          R(P, I) = A2
400:      Next I
```

```
          A3 = R(P, P) * C11 ^ 2 - 2 * R(P, Q) * S11 * C11
+ R(Q, Q) * S11 ^ 2
          R(Q, Q) = R(P, P) * S11 ^ 2 + 2 * R(P, Q) * S11 *
C11 + R(Q, Q) * C11 ^ 2
          R(P, P) = A3
          R(P, Q) = 0
          R(Q, P) = 0
          GoTo 100
500:      Return

43010: 'SINGULAR

          ReDim R(nv, nv), E(nv), VE(nv, nv)

          For I = 1 To nv
          For J = 1 To nv
          R(I, J) = 0
          For K = 1 To NC
          R(I, J) = R(I, J) + X(K, I) * X(K, J)
          Next K: Next J: Next I

          N = nv: ETA = 0.00005: GoSub 41010 'JACOBI
          For I = 1 To nv
          D(I) = E(I)
          For J = 1 To 2
          V(I, J) = VE(I, J)
          Next J: Next I

          For I = 1 To NC
          For J = 1 To 2
          U(I, J) = 0
          For K = 1 To nv
          U(I, J) = U(I, J) + X(I, K) * V(K, J) / Sqr(D(J))
          Next K: Next J: Next I

          Return

End Sub
```

■「Biplot」の使い方①（多変数の場合）

　具体的な使い方は、参考文献の「機械学習・AIのフリーソフトウェア Weka（3.8.5版）」で行なったものを掲載します。

　BiplotのExcelでの使い方を解説します。

> ※ただし、例題は別な例題から採用しています。

手　順

[1] Excelのマクロの有効化

　「ファイル」→「オプション」→「トラストセンター」→「トラストセンターの設定」→「マクロの設定」と移動。

　「すべてのマクロを有効にする」の○印のラジオボタンにチェックを入れて、OKボタンを押します。

[2] 計算用データを作る

表6-2　Biplotの計算用データ例

NO.	設　問	1	2	3	4	5	6	7	8	9
1	値段が安い	6	15	32	41	2	13	11	8	10
2	品質・センスが良い	3	0	4	8	23	4	5	8	0
3	品数豊富	10	10	29	6	28	30	24	21	15
4	店員のサービスが良い	7	2	1	6	13	4	0	0	5
5	雰囲気が良い	6	2	4	6	19	0	6	4	10
6	買い物が楽しめる	5	2	10	3	8	9	19	5	25
7	駐車場が便利	14	17	12	4	4	13	23	8	15
8	買いやすい	16	11	3	9	0	9	5	8	5
9	近い	23	25	1	7	2	0	2	8	0
10	ついでに寄れる	10	16	4	10	4	17	5	25	15

[3] 「Biplot」のファイルにデータを貼り付ける

図6-1　「Biplot」の計算結果

まず、左のグレーの部分へ「データ」を張り付け。

その後、横の行の緑枠の中に、「縦方向の標本の数」「横方向の変数の数」を入れます。

「分析手法の選択」は、「1：主成分分析法」と「2：因子分析法」の2つがありますが「1」にします。

> ※「自己組織化」では、変数の因子の分解ではなく合成を用いて解析を行なうため、「主成分分析法」を使う。

さらに、図6-1の右側にあるの出力部分を先に消しておきます。

「表示タブ」→「マクロボタン」→「マクロの表示」で「Biplot」を選び、実行。

以前の出力の「W列以降」（右側と下側）は、一度削除してから実行します。

[4] 計算結果をもうひとつのExcelファイルの「散布図」にもっていく

最初は「下のF－Matrix」の数値部分をコピーし、散布図として作ります。

表6-3　「Biplot」の計算結果の末尾部分

次に、同じように「G－Matrix」の数値部分をコピーして散布図ファイルへコピーします。

＊

Excelの散布図には、「ラベル」が表示されないという弱点があります。

しかし、現在は、フリーのソフトウェアやWebなどで「ラベル付き散布図」の作成を支援するものがあるので、本書では触れませんが、いろいろ探してトライしてはいかがでしょうか。

　今回の「Biplot」は、大きく括ると多変量解析法の「主成分分析法」と同じ考え方です。

　「主成分分析法」は、変数が7つあるとすると、「要因」が「7－1＝6」発生します。

　これらの要因を視覚化するために、「第1軸、第2軸、・・・、第6軸」と出てきます。

　「主成分分析法」は、詳細に要因を抽出する利点があります。

　しかし、この要因が多すぎて、「結果を解釈する意味付け」で、人の感性に委ねられる結果、あいまいになりやすいという弱点があります。

　この「Biplot」は、こうした弱点を補うために、できるだけ「第1要因」と「第2要因」に成分を集める「低い次元化」に要約化して理解がしやすいという特徴があります。

　結果を具体的に評価するには、「Lambda-square」（λ値）というのがあります。

　これは、「λ値」を「合計」で割ったものが主成分分析法の「寄与率」になります。

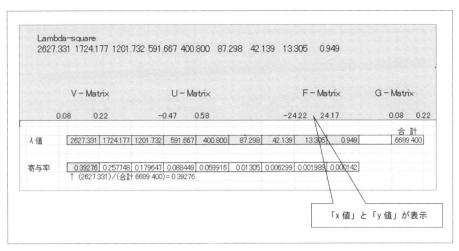

図6-2　寄与率の算出

　今回の計算では、「0.39276＋0.257748＝0.650508」になります。

つまり「約65%」でこの計算結果の全体に対する寄与度が算出されていることを意味しています。

> ※寄与率（Contribution ratio）：対象全体のデータに対して、それを構成する変数（要素）が貢献する度合。

[5]ノルム（norm）を算出する

「F-Matrix」と「G-Matrix」が、「Biplot」によって算出されました。

結果を見ると、xとyの計算結果値が表示されています。

この2つの値を「散布図」に記述するので、対象となる全体に対する「座標と中心点」があることを意味しています。

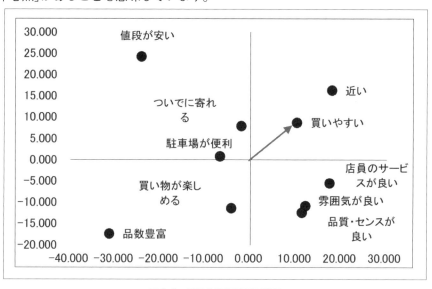

図6-3　結果の散布図での表現

　自己組織化の計算の「コツ」は、

・多変数の場合は「Biplot」によって計算する
・F-MatrixとG-Matrixを「ノルム（norm）」によって座標の中心点からの距離を求める（ひとつの世界として捉える）
・その距離を「Excel」に記載し、「数値の大きい順（降順）」に並べる
・Excelのグラフでx軸とy軸を指定し、右クリックで「対数表示」させる

という4段階で、「自己組織化」を表現することができます。

　「ノルム」(記号表記は ‖・‖)とは、ここでは2次元ベクトルの「長さ」の概念を一般化した座標中心点からの「距離」のことです。

$$L^2 = \sqrt{x^2 + y^2}$$

　いわゆる中学校・高等学校の数学で習う「ピタゴラスの定理」と同じ事で、「ユークリッドノルム」(Euclidean norm)とも言います。
　「ノルム」は、Excelで簡単に求めることができます。

■「Biplot」の使い方 ②　類似した「Kohonen Map」と「Bayesian Network」

「機械学習・AIのフリーソフトウェア Weka (3.8.5版)」から、もう少し掲載しましょう。

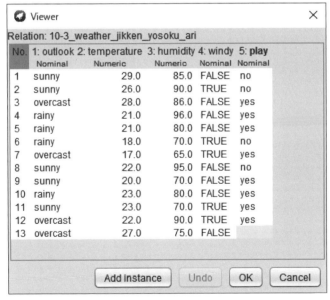

図6-4　Wekaのデータセットの「weather.numeric.arff」から

　データは、「Weka」をダウンロード・インストールしたときに一緒に「ロー

カルディスク(C：)」の「Program Files.Weka-3-8-5.data」の中にある「weathcr.numeric.arff」のデータです。

　右下の「グレー」になっているのは、Wekaで予測をさせたいときに「Viewer」で表示されるグレーです。

　下は、「Weka」の「Cluster」にある「SelfOrganizingMap」(Kohonen Map：コホーネンの自己組織化マップ)で解析を行なったものです。

　もちろん、読者の方は、そのままExcelでデータを入れて、ダイレクトに「Biplot」で計算してもかまいません。

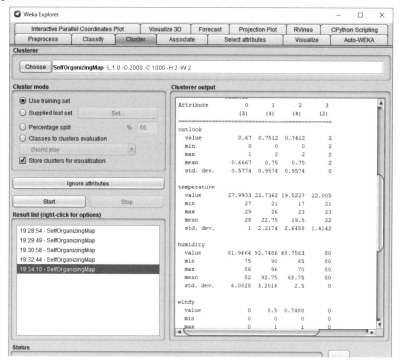

図6-5　Wekaの「SelfOrganizingMap」で解いた例

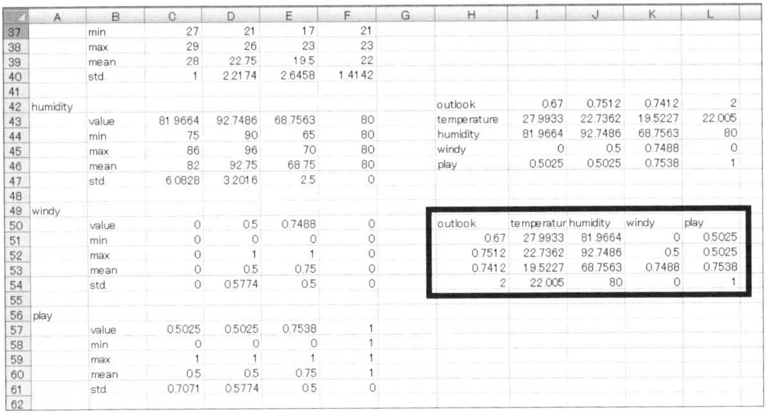

	A	B	C	D	E	F	G	H	I	J	K	L
37		min	27	21	17	21						
38		max	29	26	23	23						
39		mean	28	22.75	19.5	22						
40		std.	1	2.2174	2.6458	1.4142						
41												
42	humidity							outlook	0.67	0.7512	0.7412	2
43		value	81.9664	92.7486	68.7563	80		temperature	27.9933	22.7362	19.5227	22.005
44		min	75	90	65	80		humidity	81.9664	92.7486	68.7563	80
45		max	86	96	70	80		windy	0	0.5	0.7488	0
46		mean	82	92.75	68.75	80		play	0.5025	0.5025	0.7538	1
47		std.	6.0828	3.2016	2.5	0						
48												
49	windy											
50		value	0	0.5	0.7488	0		outlook	temperatur	humidity	windy	play
51		min	0	0	0	0		0.67	27.9933	81.9664	0	0.5025
52		max	0	1	1	0		0.7512	22.7362	92.7486	0.5	0.5025
53		mean	0	0.5	0.75	0		0.7412	19.5227	68.7563	0.7488	0.7538
54		std.	0	0.5774	0.5	0		2	22.005	80	0	1
55												
56	play											
57		value	0.5025	0.5025	0.7538	1						
58		min	0	0	0	1						
59		max	1	1	1	1						
60		mean	0.5	0.5	0.75	1						
61		std.	0.7071	0.5774	0.5	0						
62												

図6-6　Wekaの計算結果をExcelに張り付け枠線部分をBiplotのプログラムに入れる

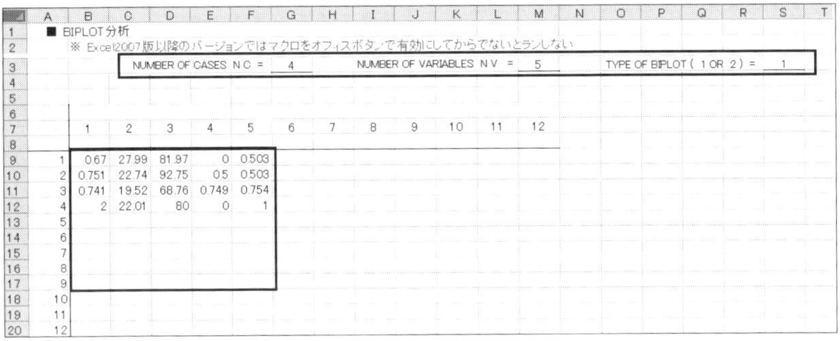

■ BIPLOT分析

※ Excel2007版以降のバージョンではマクロをオフィスボタンで有効にしてからでないとランしない

NUMBER OF CASES NC = 4　NUMBER OF VARIABLES NV = 5　TYPE OF BIPLOT (1 OR 2) = 1

	1	2	3	4	5	6	7	8	9	10	11	12
1	0.67	27.99	81.97	0	0.503							
2	0.751	22.74	92.75	0.5	0.503							
3	0.741	19.52	68.76	0.749	0.754							
4	2	22.01	80	0	1							
5												
6												
7												
8												
9												
10												
11												
12												

図6-7　ExcelのBVAのBiplotにデータを入れる

Biplotのプログラムでは、上の図の枠線の左側から、「4」、「5」、「1」と入っていますが、これはプログラムのパラメータで、4の部分が標本の数、5の部分が変数の数の（outlook、temperature（温度）、humidity（湿度）、windy（風の有無）、play（ゴルフプレーをしたかどうか）です。

左側の枠線はデータを入れた部分です。

ただ、この例題では、温度は日本の「摂氏に変換」して使っていますが、実際のWekaに付随して付いてくるもとのデータは「華氏」で入っていますので、注意してください。

計算結果が下の「F-Matrix」（標本のベクトル）と、「G-Matrix」（変数のベク

トル)です。

Lambda-square									
297.810	30.414	1.468	0.000	0.000					
								Type of	1.000
	V − Matrix		U − Matrix			F − Matrix		G − Matrix	
0.004	0.050	−0.112	−0.850		−1.938	−4.690	0.004	0.050	
−0.172	−0.981	−0.675	0.430		−11.646	2.369	−0.172	−0.981	
−0.985	0.173	0.727	0.254		12.543	1.399	−0.985	0.173	
0.012	0.073	0.060	0.167		1.041	0.922	0.012	0.073	
0.012	0.027						0.012	0.027	

図6-8 計算結果

「F-Matrix」と「G-Matrix」を散布図で表現したものが**図6-9**です。

右の図はWekaのベイジアンネットワーク (TAN：Tree Argument Network アルゴリズム) で、「wind、outlook、play」が近くに固まり、温度と湿度が離れています。

ベイジアンネットワークを見て比べると、何となく納得ができます。

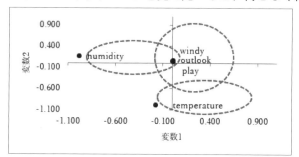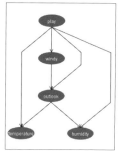

図6-9 計算結果　左；Biplotの散布図表現　右；WekaのBayesian Network.TANアルゴリズム

■「Biplot」の使い方 ③（単変数の場合）

データが単変数の場合は、Excelの基本操作だけでできるという利点があり、何度か試行錯誤として試すのであれば手軽にできます。

下は、某企業の実際の株価を「Kalman filter」(次節で解説)を使って予測したモデルとして作成したものですが、簡単化のため単変数での精度確認用に作ったものです。

ただ、単変数であってもかなり良い予測ができています。

このデータを使って、「自己組織化臨界状態」の解析を行ないましょう。

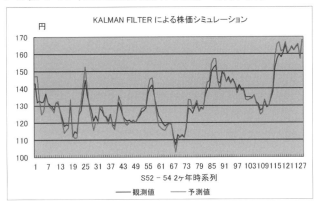

図6-10 実際の株価変動をKalman Filterで解いたもの

「Step1」(図6-11の左の列データ)が生データです。

これを「Step2」(図6-11の右の列データ)のように降順に並べ替え、散布図を描きます。

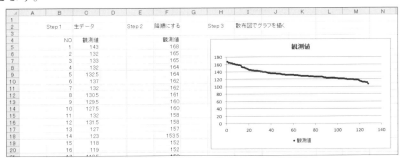

図6-11 計算結果をExcelで数値の大きい順(降順)にしたもの

データの数は取りあえずいくつでも構いませんが、数十くらいはあると良いです。

次に縦軸、横軸の目盛り部分の2つを順に右クリックし、下のように「軸の書式設定」で「対数目盛を表示する」にレ点を入れます。

図6-12 Excelで対数表現化の設定

さらに、「縦軸の最小値、最大値」を調整して見やすくすると、次のように表現することができます。

図6-13の右図には明らかに何か規則性(ルール：相似性)がありそうです。

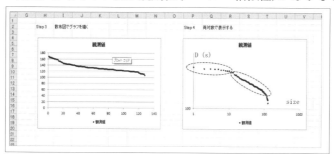

図6-13 「対数表現化」で、x軸とy軸の両方を「対数化」(両対数化)する

図6-13の右部分を拡大したものが、次の図6-14です。

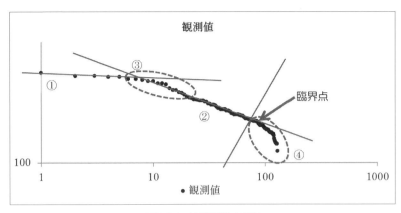

図6-14 自己組織化の表現

　①の部分は、直線になっているのが分かります。
　同様に、②の部分もそうです。

　③では不規則な変動が見られ、④のでは相似性が希薄となり各データが散逸・崩落した状態を見ることができます。
　②と④の境が臨界点で、④の最後は自然淘汰です。

　つまり、臨界点より左側はなんらかの相似性（規則性）があり、右側には規則性が希薄化して次第に弱くなっていくのが分かります。

　今回のものは簡易法ですが、けっこう役に立ちます。また、各データが変化していく点を「変曲点」と言いますが、その最後の散逸している部分が「臨界点」です。

　下は他例のデータですが、自己相関関数を使うことで、この変曲点と臨界点を見つけることができ、下の縦線と曲線の交点が変曲点です。
　そして、相関性が希薄になる変曲点を「臨界点」と呼びます。

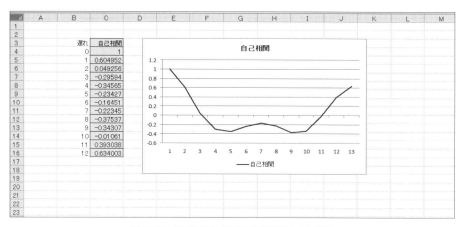

図6-15 自己組織化の「自己相関関数」での表現

　自己相関関数は、この章の「6-4」で解説します。

6-3　固有値問題（固有値、固有ベクトル、固有値分解、特異値分解）

Excelはよく使われる日常的なツールで、今や使ったことのない人はほとんどいないほど、データサイエンスではその恩恵は計り知れないものがあります。

前項では、「Biplot」がでてきました。
その中の「特異値分解」と言う言葉をはじめて知ったという方もいるのではないかと思うので、基礎的な部分の補足をしておきたいと思います。

	A	B	C	D	E
1		列1	列2	列3	
2	行1	1	2	3	
3	行2	4	5	6	
4	行3	7	8	9	
5					

図6-16　Excelで入れられたデータの例

上の図6-16のExcelのデータを「1つのデータの集まり」として考えますと、データの集まりを「A」とします。
この個々のデータを「成分」と呼んでいます。

$$A = \begin{pmatrix} 1 & 2 & 3 \\ 4 & 5 & 6 \\ 7 & 8 & 9 \end{pmatrix} \text{または、} \begin{bmatrix} 1 & 2 & 3 \\ 4 & 5 & 6 \\ 7 & 8 & 9 \end{bmatrix} \tag{12}$$

このデータの集まり「A」は、

というように表現できます。
これを線形代数学では「Aの行列（Matrix）」と呼びます。

Matrixは「母なるもの」という意味があります。
表記は、大文字で斜体が用いられます。

また、行だけや列だけのデータは「ベクトル」（Vector）と言います。

$$a = \begin{pmatrix} 1 & 2 & 3 \end{pmatrix} \text{ または、} \{1\ 2\ 3\},\ \begin{pmatrix} 1 \\ 2 \\ 3 \end{pmatrix},\ \begin{Bmatrix} 1 \\ 2 \\ 3 \end{Bmatrix} \tag{13}$$

ベクトルには、小文字の「a、b、c、…」表記を使います。

現在では、コンピュータで計算を行わせる場合は、この「行列」はなくてはならない存在です。

行列には、「ベクトル」「マトリクス」(行列) の他に「スカラー」(scalar) があります。
これは、「ベクトル」が「方向性」(x軸、y軸)をもつものに対して、「単なる数値」で方向をもたない「値」のことです。

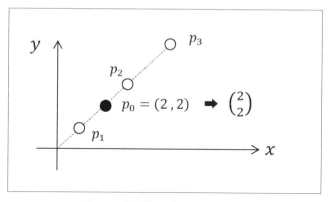

図6-17 固有値と固有ベクトルと行列

上の**図6-17**は「横軸のx軸」と「縦軸のy軸」です。
これは、x軸、y軸という座標があるため、「方向性」をもっています。

ここで、図の座標に、「ある係数としてλ」を入れて考えます。
このとき、行列を「A」として「方向性をもつベクトルP」とすると、行列とベクトルを合わせて、「Ap_n」と表現します。

v　さらに「p_2のところを $\lambda=2$」、「p_3のところを $\lambda=3$」、「p_1のところを $\lambda=0.5$」としてみましょう。

$$Ap_1 = 0.5(2 \quad 2) = (1 \quad 1) \tag{14}$$

$$Ap_1 = 2(2 \quad 2) = (4 \quad 4) \tag{15}$$

$$Ap_1 = 3(2 \quad 2) = (6 \quad 6) \tag{16}$$

と、なります。

この「λ」を「固有値」と言います。

「固有値」は、「元となる行列の係数」と考えればイメージしやすいと思います。

式で表現すると、

$$Ap_n = \lambda_n p_n \tag{17}$$

となります。

このときの「Pn」を「固有ベクトル」と呼んでいます。

行列で、左上から右下に一列だけ並べたものを「対角成分に固有値を並べたもの」を「Λ（ラムダの大文字）」を使って表記しなおすと、

$$AP = P\Lambda \tag{18}$$

と書くことができます。

式(12)は「行と列が同じ数の正方形」の形の配列をもっています。このような行列を「正則行列」（せいそくぎょうれつ）と呼びますが、行と列が同じということは、縦と横を入れ替えてもデータは同じ性質をもちます。

このように、正則行列では、「逆の行列」が必ず存在します。

これを「P^{-1}」という「逆行列」として表記できます。(18)式を、逆行列を入れて書き直すと、

$$A = P\Lambda P^{-1} \tag{19}$$

と、いうように表現ができます。

これを「Aの固有値分解」といいます。

＊

　また、実際のデータの世界では、横軸と縦軸のデータ数が同じになることは少なく、横軸のデータ数と縦軸のデータ数が異なる「n行m列」になる方が多いといえます。

　このようなときの、分解を「特異値分解」と呼んでいます。
　こうした「固有値」として捉えようという問題を「固有値問題」と呼んでいます。

　現在では、機械学習やAIの計算過程では、対象の特徴をあぶりだすために、この「固有値」はなくてはならない存在として非常に重要な役割を担っています。

6-4 時間に依存する状態（Kalman Filterの理論）

　前項の「ある時点での空間の状態」に対して、時間領域について「時間に依存する場合の状態」を「時間に依存する状態」として位置付けます。

　本来は、一連の時系列的な流れの中で入力と出力を、状態変数を使った1階連立微分方程式で表現されたものを制御工学では「状態空間」と呼んでいます。

　ここでは、時間に依存する状態の時系列問題でよく使われる「Kalman Filterの理論」と、Excelで動かすことのできる「VBA」のプログラムと使い方について解説します。

＊

　Kalman Filterは「状態推定理論」とも呼ばれ、現在でも多くの分野へ応用がなされています。

　ここで、「filter」というのは、「濾過（ろか）するフィルタ」と同義です。

　信号問題において「送信信号と受信信号」がありますが、送信し受信する際にはどうしても「雑音（ノイズ）」が含まれます。
　このノイズをできるだけ除去（濾過）して送信信号の推定値を求める問題「filtering」と呼んでいます。

■Kalman Filterの理論

Kalman Filterは、主に「宇宙工学」「制御工学」「通信工学」「土木工学」「経済学」「統計学」などの分野で実用化され、現在も研究が進められています。

その概念が片山 徹先生(文献執筆時京都大学大学院情報学研究科教授)の**参考文献02**が難解ですがとても詳しく解説されているので、分かりやすい図を引用紹介します。

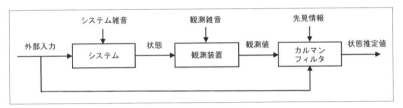

図6-18(出典:片山徹著, 参考文献02, p6, 図1.5「カルマンフィルタの適用」より)

「系(システム)の状態空間」が刻々と変化する場合、状態空間情報量を Q、離散系列は、

$$\{Q_t : t = 0,1,2,3,\ldots\} \tag{20}$$

として表現できます。

この Q は N 次元状態ベクトルです。

状態空間の情報量 Q が、時刻 t で時刻 $t+1$ に影響を与えているものとして考えた場合、その後の状態に影響を与える要因の振る舞いを、逐次修正しながら再帰的な表現をすることで、「状態空間」として捉えることができます。

具体的には、時刻 t が遷移していく状態を Q_t、次の遷移状態を Q_{t+1} とした場合、

$$Q_{t+1} = S_t Q_t + \Gamma_t \omega_t \qquad (21)$$
$$Y_t = M_t + \nu_t \qquad (22)$$

$S\,t$：N行N列の状態遷移行列(state transition matrix)
Γt：N行P列の駆動行列(driving matrix)
ωt：P次元システムノイズベクトル
$M t$：M行N列観測行列(observation matrix)
νt：N次元観測ノイズベクトル(observation noise vector)

という状態遷移過程で表現します。

　また、駆動行列というのは全体のシステムを駆動するための入力(駆動変数、または制御変数とも呼びます)を担っています。
　(21)式は、「信号過程としての状態方程式」です。
　「系の状態空間」の情報量はM次元観測ベクトルYtを使い、観測過程の観測方程式として**(22)式**として与えられます。

　この**(21)式**の状態方程式と、**(22)式**の観測方程式の2つによって記述されている方程式が「Kalman filter」です。

　また、状態遷移は、

$$\begin{cases} S_{t+1,t-1} = S_{t+1,t} S_{t,t-1} \\ S_{t+1,t} = S_{t,t+1}^1 \\ S_{t,t} = I \qquad \left(Unit\ matrix\right) \end{cases} \qquad (23)$$

という遷移行列としての特性をもっています。

　Kalman filterは「状態変数」「観測変数」「駆動(制御)変数」によって構成されていますが、フィルタを構成するために確率変数ベクトルの期待値に対し、次のような統計的性質を仮定しています。

$$
\begin{cases}
\overline{Q_t} = E\{Q_t\} \\
E\{\omega_t\} = 0 \\
\quad E\{\omega_t \omega_l^\top\} = \delta_{tl} V_t \\
E\{v_t\} = 0 \\
\quad E\{v_t v_l^\top\} = \delta_{tl} W_t \\
\quad E\{\omega_t v_l^\top\} = 0
\end{cases} \tag{24}
$$

$$
\begin{cases}
\delta_{tl} = 1 \ (t = l) \\
\delta_{tl} = 0 \ (t \neq l)
\end{cases} : \text{Kronecker's delta} \tag{25}
$$

V_t, W_t は t 時点でのシステムノイズ、観測ノイズの共分散行列です。

Kalman filter は (21)、(22)式を用い、状態ベクトルの最適な推定値を Q^* としたときに、

$$
\min E = \left\{ \left(Q_t^* - Q_t \right)^\top \left(Q_t^* - Q_t \right) \right\} \tag{26}
$$

という、最小分散推定量を求める問題です。

これは、「最小二乗法」と似ていますね。

Kalman filter は、R.E.Kalman によって 1960 年に提案されたモデルですが、(21)式の「駆動（制御）行列 Γt」に特徴があるように、制御理論において、カーナビやロケットのアポロ計画の軌道修正などで実績をあげ、すでに多くの分野で活用されています。

しかし、地域学などの「社会科学領域」や「経済・経営学」の領域では、状態空間の情報量が外部からの制御を受けないでシステムノイズだけによって記述されるモデルが考えられます。

この方法は、すでに 1970 年に Vishwakarma によって提唱されたモデルです。

社会科学領域などでは観測された時系列データからノイズを除去し、「平滑」(smoothing)、「濾波」(filtering)、「予測」(prediction) を行なう場合に実用性に優れていることが知られています(**参考文献02，03**)。

(21)式の状態方程式から駆動(制御)行列の制御項を除いた式を次のように改めます。

$$Q_{t+1} = S_t Q_t + \omega_t \tag{27}$$

$$Y_t = M_t Q_t + \nu_t \tag{28}$$

この(27)(28)式において、観測値を得た時点で推定値Q^*(Qスターと読みます)は、

$$Q_t^* = S_{t-1} Q_{t-1}^* + K_t Y_t - M_t S_{t-1} Q_{t-1}^* \tag{29}$$

$$\begin{cases} H_t = S_{t-1} P_t S_{t-1}^{\ T} + \omega_{t-1} \\ K_t = H_t M_t^T \left[M^t H_t M_t^T + \nu_t \right]^{-1} \\ P_t = \left[I_t - K_t M_t \right] H_t \end{cases} \tag{30}$$

として表わせます。

ここで、P_tはt時点における推定誤差共分散行列であり、K_tはKalmanゲインで「ゲイン行列」と呼んでいます。

「ゲイン」(gain) は、電気工学・情報工学で「入力と出力の比」のことを指しますが、電気工学では「利得」とも呼ばれます。

■ Kalman Filter と AI

現在では、コンピュータ性能の向上や、クラウドコンピュータの利用しやすさなどで、衛星を利用したカーナビなどでもAIの利用が進んでいますが、ある時点を切り抜いた「離散データ」と異なり、制御工学などでは「連続データ」は欠かせない存在です。

たとえば、資金力・技術力が充分でない企業でドローンを活用する場合、連

続位置情報を取得するKalman Filterの存在は大きなものがあります。

もちろん、プログラムの言語は「C++」「C#」などや、「Python」「Java」でも構いませんが、AIの膨大化データを使うより単変数のKalman Filter(Vishwakarmaのモデル)はやはり魅力のある存在と言えます。

本書であえて扱った理由ともいえます。

■Kalman Filterのプログラム

ExcelのVBAのプログラムを下に掲載します。

リスト6-1　Kalman Filterのプログラム(Vishwakarma Model)

```
Sub KALMAN_FILTER_VER101()

N = Cells(3, 3).Value 'NUMBER OF DATA
ITR = Cells(3, 6).Value 'ITERATION
ReDim Y(N), M(2, 2), P(2, 2)

'INPUT DATA
For I = 1 To N
Y(I) = Cells(6 + I, 3).Value 'INPUT DATA
Next I
'OUTPUT FACTOR
Cells(2, 10) = "KALMAN FILTER による予測：VISHWAKARMA
MODEL"
Cells(4, 10) = "時点"
Cells(4, 11) = "観測値"
Cells(4, 12) = "予測値"
Cells(4, 13) = "残差"

Y1 = 0: Y2 = 0
For I = 1 To N
Y1 = Y1 + Y(I): Y2 = Y2 + Y(I) * I
Next I

T1 = N * (N + 1) / 2: T2 = N * (N + 1) * (2 * N + 1) / 6
V = N * T2 - T1 * T1
X1 = (T2 * Y1 - T1 * Y2) / V: X2 = (N * Y2 - T1 * Y1) / V
Y1 = 0: Y2 = 0
```

```
For I = 1 To N
T1 = X1 + X2 * I
E = Y(I) - T1
Y1 = Y1 + E: Y2 = Y1 + E * E
Next I

X1 = T1
V = (Y2 - Y1 * Y1 / N) / (N - 1)
E = V / 10
M(1, 1) = 2 * V + E: M(1, 2) = V
M(2, 1) = V: M(2, 2) = V + E
For L = 1 To N

GoSub 700 'SUBROUTINE RAND
VV = RR * Sqr(V)
E = VV / 10
M0 = M(1, 1) + VV
K1 = M(1, 1) / M0: K2 = M(1, 2) / M0
X0 = Y(L) - X1 - X2
X1 = X1 + X2 + K1 * X0: X2 = X2 + K2 * X0
Y0 = X1 + X2

'OUTPUT
Cells(4 + L, 10).Value = L
Cells(4 + L, 11).Value = Y(L)
Cells(4 + L, 12).Value = Y0
Cells(4 + L, 13).Value = Y(L) - Y0

P(1, 1) = M(1, 1) * (1 - K1)
P(1, 2) = M(1, 2) * (1 - K1)
P(2, 1) = M(2, 1) - K2 * M(1, 1)
P(2, 2) = M(2, 2) - M(1, 2) * K2

M(1, 1) = P(1, 1) + P(1, 2) + P(2, 1) + P(2, 2)
M(1, 2) = P(1, 2) + P(2, 2)
M(2, 1) = P(2, 1) + P(2, 2)
M(2, 2) = P(2, 2) + VV
Next L
End
```

```
700:       'SUBROUTINE RAND
           RR = 0
           For I = 1 To ITR
           RR = RR + Rnd
           Next I
           RR = RR - 6
           Return
           End Sub
```

■Kalman Filterの使い方①(多変数の場合)

本書では、多変数の場合のKalman Filterは用意していません。

前項でも記載したように、「自前のパソコンで、大型コンピュータやクラウドコンピュータを利用せずに使う」という大前提にした場合、使うシーンは、ドローンへの実装や簡単なセンサーへの実装ということが想定されます。

このような場合は、単純化して「単変数での使用」が望ましいと考えています。

たとえば、株価の変動では、現在では1/1,000秒単位での売買がされていますが、そのようなシーンでの売買には、データ量がビッグデータになるので、大型コンピュータやクラウドなどに依存せざるを得ません。

通常の素人が行なうには、複数台のコンピュータとクラウドなどの設備が不可欠となるため、誰でも気軽にできるという対象ではありません。

一般的に、株価変動は上のような売買が「連続で変動」しますが、通常の市販のパソコンで株価を予測するは、「売買の開始から終わりまでの始値、安値、高値、終値と一日の売買額」という日経平均の情報を基に離散化された情報で行なうことが多いと考えられます。

これは、「1/1,000秒の連続情報」ではなく、「ある時点での離散情報」を使います。

このため、離散情報をもとに計算するのであれば、「機械学習・AI」の方が精度は高いので、ここでは多変数は「機械学習・AI」に譲るというスタンスを取っています。

なお、詳細に使い方を学びたい方は、「**参考文献05, p72-81**」をご覧ください。

■Kalman Filterの使い方 ②(単変数の場合)

単変数の場合における、Kalman FilterのExcelでの使い方を解説します。
例題は、実際のある企業の株価変動のデータを使っています。

手 順

[1] Excelのマクロの有効化

「ファイル」→「オプション」→「トラストセンター」→「トラストセンターの設定」→「 マクロの設定 」から「すべてのマクロを有効にする」の○印のラジオボタンにチェックを入れて、OKボタンを押します。

[2] 計算用データを作り、先に作った「Kalman Filterのファイル」に貼り付け

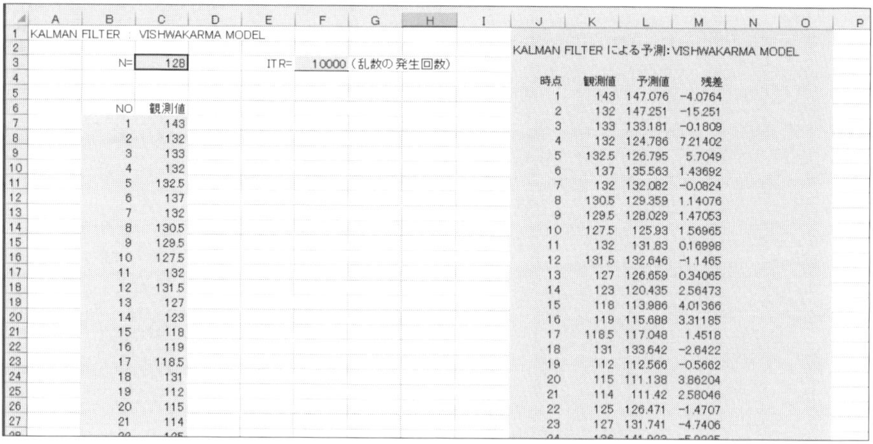

KALMAN FILTER : VISHWAKARMA MODEL

N= 128　　ITR= 10000 (乱数の発生回数)

NO	観測値
1	143
2	132
3	133
4	132
5	132.5
6	137
7	132
8	130.5
9	129.5
10	127.5
11	132
12	131.5
13	127
14	123
15	118
16	119
17	118.5
18	131
19	112
20	115
21	114

KALMAN FILTER による予測: VISHWAKARMA MODEL

時点	観測値	予測値	残差
1	143	147.076	-4.0764
2	132	147.251	-15.251
3	133	133.181	-0.1809
4	132	124.786	7.21402
5	132.5	126.795	5.7049
6	137	135.563	1.43692
7	132	132.082	-0.0824
8	130.5	129.359	1.14076
9	129.5	128.029	1.47053
10	127.5	125.93	1.56965
11	132	131.83	0.16998
12	131.5	132.646	-1.1465
13	127	126.659	0.34065
14	123	120.435	2.56473
15	118	113.986	4.01366
16	119	115.688	3.31185
17	118.5	117.048	1.4518
18	131	133.642	-2.6422
19	112	112.566	-0.5662
20	115	111.138	3.86204
21	114	111.42	2.58046
22	125	126.471	-1.4707
23	127	131.741	-4.7406

図6-19 Kalman Filterのプログラムの実行1
(※ N:データ数、ITR:乱数の発生回数、このままでもよいです。B列のNOは時点のNo)

[3] マクロの実行

表示タブの「マクロ」から、「マクロの実行」で、計算はできます。

VBAで作ったKalman Filterには任意のファイル名を付けて、計算を行なう際に、ファイル名を変えることをお勧めします。

そうすることで、せっかく作ったプログラムを壊さずに何回でも実行できます。

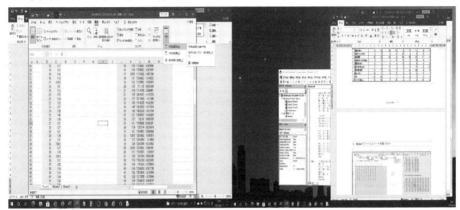

図6-20　Kalman Filterのプログラムの実行2

また、計算する際には、前の計算結果部分（J列の上から下までと右側部分）を削除してから行なって下さい。

プログラムでは、簡素化のため前回計算結果を削除することを入れてはいません。

＊

計算結果を改めて見てみましょう。

多変数の場合の項で述べたように「**参考文献05，p72-81**」の「機械学習・AI」では、実測値と予測値がほとんど重なってグラフ上の乖離はほとんど見られません。

一方で、今回のKalman Filterでは、現在情報とその1時点先の情報へ、ノイズを最小にしながらしっかり予測値の誤差修正している状態を見る事ができます。

　膨大なデータ情報を処理する大型コンピュータなどがあれば、「機械学習・AI」は精度という点では非常に優れますが、市販のパソコンでドローンなどに実装させるという事を考えると、実用上はかなり使えるのではないかと思います。

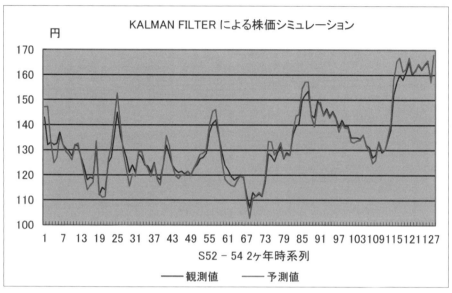

図6-21　実際の株価変動をKalman Filterで解いたもの(図6-10と同じ図)

【 参考資料・文献 】

01：K.R.Gabriel：The biplot graphic display of matrices with application to principal component analysis, Biometrika, 58,3,p453-467, 1971.6.
02：片山 徹，新版 応用カルマンフィルタ，朝倉書店，2000.1.20.(新版第1刷)
03：足立修一，線形カルマンフィルタの基礎，計測と制御，第56巻，第9号，2017.9.
04：和田尚之，実務のための「機械学習」と「AI」，工学社，2021.5.30.
05：和田尚之，機械学習コレクション Weka入門，工学社，2019.8.30.

6-5 群の臨界点を求める「自己相関関数」

「自己組織化臨界状態」の解析では、「小さな群」と「他の群」との「群の変化点」（変曲点）と、全体の系から散逸、崩落して自己相似性が希薄化する最後の群との境である「臨界点」を探ることは、対象を具体的に把握するためには欠かせない計算プロセスです。

ここでは、その「臨界点」を求める方法として「自己相関関数」を使っています。
その「自己相関関数」について、画像処理の分野の機械学習・AIで使った、パワースペクトル密度の基本をなす「確率過程」と相関関数をフーリエ変換（Fourier）で結びつける定理として知られている「ウィーナー＝ヒンチンの定理」（Wiener-Khinchin theorem）を使って解説します。

■「自己相関関数」の理論

自己相似性をもつ解析対象とする相関関数を「自己相関関数」と言います。
区間が $[-T/2, \ T/2]$ で定義される（何らかの周期性をもつと仮定して）周期関数である場合に次のように定義されます。入力時の信号「x」の随伴作用素を「x^*」とすると、

$$R_{xx}(\tau) = \lim_{T \to \infty} \frac{1}{T} \int_{-\frac{T}{2}}^{\frac{T}{2}} x(t) x^*(t - \tau) dt \tag{31}$$

「T」は時間、「τ」は信号の遅れで、自己随伴問題としてエルミート行列の性質から、

$$A = \begin{pmatrix} a & b \\ c & d \end{pmatrix} \tag{32}$$

という複素行列に対して、aの複素共役を$\bar{a}$ (aバー：複素数の共役複素数) とすれば、

$$A^* = \begin{pmatrix} \bar{a} & \bar{b} \\ \bar{c} & \bar{d} \end{pmatrix} \qquad (33)$$

この際に、「$a = x + jy$」ならば、複素共役は「$\bar{a} = x - jy$」という性質をもちます。

＊

「エルミート行列」(Hermitian matrix) は、「自己随伴行列」(self-adjoint matrix) とも呼ばれ、複素数を成分とする自己の随伴行列と一致するような正方行列を実対称行列に拡張したものを言います。

このため、上の(33)式は、

$$A = A^* \qquad (34)$$

が、成立します。（A^*：Aスター）

エルミート (Charles Hermite) はフランスのソルボンヌ大学の数学教授を歴任し、オイラー、ラグランジュ、ガロアなどの数学者が挑んだ5次方程式の解法を1858年に楕円関数を使って証明したことで知られています。

＊

ここで最初の状態を「信号$x(t)$」としたときの自己相関関数「$R_{xx}(\tau)$」が(31)式です。

●①「信号→周波数スペクトル→パワースペクトル」のフーリエ変換

信号：$x(t)$ 周波数スペクトル：$X(\omega)$ $\qquad$ (35)

自己相関関数：$R_{xx}(\tau) \equiv \lim_{T \to \infty} \dfrac{1}{T} \displaystyle\int_{-\frac{T}{2}}^{\frac{T}{2}} x(t) x^*(t - \tau)\,dt$ $\qquad$ 再掲(31)

上の式で「τ」は「遅れ」と呼ばれる時間です。

上式をフーリエ変換すると、

$$パワースペクトル密度: S(f) = \int_{-\infty}^{\infty} R_{xx}(\tau) exp(-j2\pi f\tau) d\tau \qquad (36)$$

●②「信号 ➡ 自己相関関数 ➡ パワースペクトル密度」へのフーリエ変換

$$周波数スペクトル: X(f) = \int_{-\infty}^{\infty} x(t) exp(-j2\pi ft) dt \qquad (37)$$

$$パワースペクトル密度: S(f) = \lim_{T \to \infty} \frac{1}{T} X(f) X^*(f) \qquad (38)$$

と、いうように、信号の自己相関関数はパワースペクトル密度へフーリエ変換することで、密接な関係にあることが分かります。

一般的に、信号は「送波信号：$x(t)$」、「受波信号：$y(t)$」、「ノイズ：$n(t)$」という記述を使う事が多いです。

このパワースペクトル密度は、画像などの写真を「空間周波数」という視点で見る事で、対象を「特徴化」して機械学習・AIへ掛けることができるという大きな利点があります。

■自己相関関数のプログラム

Excelの VBA のプログラムを下に掲載します。

リスト6-3　自己相関関数のプログラム

```
Sub SELF_CORRERATION_POWER_SPECTRUM_VER101()

N = Cells(3, 3).Value 'NUMBER OF DATA
L = Cells(3, 6).Value 'NUMBER OF THE LATES
L1 = L - 1: L2 = L * 2
If L > N - 1 Then GoTo 111
GoTo 222
111:    MsgBox "遅れは「N-1」以下です": GoTo 9999
222:
ReDim D(N), R(L), W(L), S(L2)
'INPUT DATA
For I = 1 To N
D(I) = Cells(6 + I, 3).Value
Next I

T1 = 0: T2 = 0
D1 = 0: D2 = 0

For I = 1 To N
T1 = T1 + I: T2 = T2 + I * I
D1 = D1 + D(I): D2 = D2 + D(I) * I
Next I

B = N * T2 - T1 * T1
B1 = (T2 * D1 - T1 * D2) / B: B2 = (N * D2 - T1 * D1) / B
T = 0

For I = 1 To N
D(I) = D(I) - B1 - B2 * I: T = T + D(I)
Next I

T = T / N
For I = 0 To L
I1 = N - I: R(I) = 0
For J = 1 To I1
I2 = I + J: R(I) = R(I) + (D(J) - T) * (D(I2) - T)
```

```
      Next J
      R(I) = R(I) / N
      Next I

      R1 = R(0)
      For I = 0 To L
      R(I) = R(I) / R1
      If I > L / 2 Then GoTo 560
      W(I) = 1 - (6 * I * I) * (1 - I / L) / (L * L)
      GoTo 570
560:  W(I) = 2 * (1 - I / L) ^ 3
570:  Next I

      For I = 0 To L2
      S(I) = 0
      For J = 1 To L1
      S(I) = S(I) + R(J) * W(J) * Cos(Pi * I * J / (2 * L))
      Next J
      S(I) = (1 + 2 * S(I)) * 2
      Next I

      TT = 0
      Cells(5, 10) = "遅れ": Cells(5, 11) = "自己相関"
      Cells(5, 12) = "周波数": Cells(5, 13) = "周波数"
      Cells(6, 10).Value = 0: Cells(6, 12).Value = 0
      Cells(6, 11).Value = R(0)
      'Cells(6, 14).Value = S(0)
      For I = 1 To L
      For J = 1 To 2
      TT = TT + 1: F = TT / (4 * L)
      If TT <> Int(TT / 2) * 2 Then GoTo 770
      Cells(6 + I, 10).Value = I
      Cells(6 + I, 11).Value = R(I)
      Cells(6 + I, 12).Value = F
      'Cells(6 + I, 14).Value - S(TT)
      GoTo 780
770:  Cells(5 + I, 13).Value = F
      'Cells(6 + I, 15).Value = S(TT)
780:  Next J: Next I
9999:
      End Sub
```

■「自己相関関数」の使い方

VBAのプログラムの実行方法は、今までのExcelのVBAと同じなので、前項をご覧ください。

下に実行した結果を示します。
入力は「観測値（Noは後付け）」と、「遅れ（値）」です。

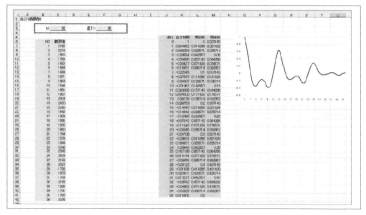

図6-22　自己相関関数のプログラムの実行
（左側J列からは出力なので、前回分を削除して使用）

入力で使ったデータは、ある信号のデータを使っています。
下がその「観測値」です。

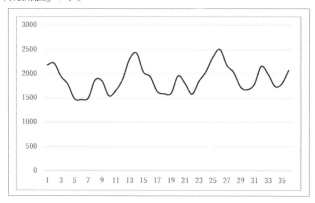

図6-23　自己相関関数用のもとの「観測値」

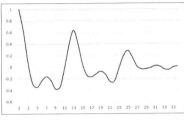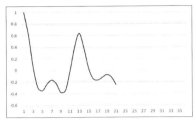
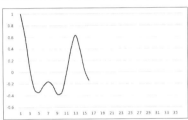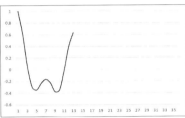

図6-24 「遅れ値を変えた状態」
上段：左 遅れ＝「35」、右 遅れ＝「20」
下段：左 遅れ＝「15」、右 遅れ＝「12」

　上の図は「遅れ」を変化させたものです。
　自己相関関数の見方は、縦軸の「0部分」が「相関のない無相関」です。「山部分」、
「谷部分」の頂点が「変曲点」にあたります。

　この「変曲点」をもとに、「対象となる全体の系」を「自己組織化」していったと
きに、「あるまとまりのある小さな群」と「他の群」との境が「変曲点」になります。

　そして、群の最後の部分の変曲点が「全体の系の臨界点」（Critical point）に
なります。

　各群は、同じような「勾配」をもつときに、その群がもつ「ルール」（規則）が
存在しています。
　これらをあぶりだすために「自己相関関数」は必要なツールといえます。
　そして最後は、相関性が非常に希薄になり「群から逸脱する自然淘汰」に至ります。

【 参考資料・文献 】

01：木村真一，応用数学Ⅲ‐(10)相関解析，Website.

索 引

アルファベット

《B》

Biplot ························· 93, 120

《C》

CPU ························· 9

《D》

Deep Learning ······················· 120
Dirichlet 型境界 ·················· 16

《E》

Einstein の総和規約 ··················· 16
Excel ···················· 133, 145

《F》

Fractal 次元 ························· 28

《G》

Gauss 分布 ···················· 63
GPU ························· 9

《H》

Heaviside step 関数 ················· 18

《K》

Kalman filter ··················· 91,148
koch（コッホ）曲線 ··················· 28

《M》

Matrix ···················· 145

《N》

Neumann 型境界 ·················· 16
Neural Network ················· 8

《S》

s-D(S)分布 ··················· 95

《T》

Tree Argument Network ··········· 140

《V》

VBA ···················· 164

《W》

Weka ···················· 133

かな

《あ》

あ 商い ···················· 89
　 あやうい ···················· 74
　 α 波 ···················· 103
い 位相次元 ···················· 42
　 一様化 ···················· 117
　 インフ ···················· 45
　 隠喩のモデル ···················· 98
う ウィーナー＝ヒンチンの定理 ·········· 159
　 運動方程式 ···················· 12
え エルミート行列 ···················· 160
　 エントロピー ···················· 120

《か》

か 外測度 ···················· 42
　 拡散 ···················· 14
　 仮想集落 ···················· 70
　 カップ ···················· 43
　 カルマンフィルター ·············· 91
　 カントール集合 ···················· 26
き 機械学習 ···················· 120
　 危険率 ···················· 113
　 基本境界条件 ···················· 16
　 逆問題 ···················· 13
　 キャップ ···················· 43
　 境界要素法 ···················· 14
　 寄与率 ···················· 135
く 駆動行列 ···················· 91
　 組み込み理論 ···················· 58
　 群の破れ ···················· 35
　 群分け ···················· 82
け ゲイン行列 ···················· 152
　 ゲート付き RNN ···················· 41
こ 格子 ···················· 15
　 誤差逆伝搬法 ···················· 56

《さ》

さ 差分法 ……………………… 14

し 時間依存 …………………… 119
　時間に依存しない状態 ……… 61
　時系列データ ……………… 119
　次元外測度 …………………… 24
　自己随伴行列 ……………… 160
　自己相関関数 ……………… 159
　自己組織化 …………………… 10
　自己組織化臨界状態解析 …… 47
　自然境界条件 ………………… 16
　支配方程式 …………………… 12
　四分位数 …………………… 113
　ジャンプ …………………… 112
　主成分分析法 ……………… 120
　順問題 ………………………… 13
　状態空間の情報量 ………… 119
　状態推定理論 ……………… 148
　状態遷移行列 ………………… 91
　情報量 ……………………… 119
　深層学習 …………………… 120

す スカラー …………………… 146
　スカラー場 …………………… 12
　砂山モデル …………………… 98
　スピノル場 …………………… 12

せ 正規分布 ……………………… 63
　制御工学 …………………… 119
　積集合 ………………………… 43
　セグメント …………………… 28

そ 測度 …………………………… 78

《た》

た 多変数の合成理論 ………… 119
　多様化 ……………………… 117

ち 長期短期記憶 ………………… 41
　チルダ・イコール …………… 46

て ディラック場 ………………… 12
　テンソル場 …………………… 12

と 特異値分解 ………………… 120
　都市サーベイ ………………… 71
　トライヤー …………………… 98

《な》

な ナスカの地上絵 ……………… 50
　雪崩現象の砂山モデル ……… 38

に ニューラル・ネットワーク … 8,57
　ニューロン …………………… 57

の ノイズベクトル ……………… 91
　脳波測定 …………………… 102

ノード ………………………… 57
ノルム ……………………… 137

《は》

は 場 ……………………………… 12
　ハウスドルフ次元外測度 … 37,42
　場の風景 …………………… 101

ふ フィルタリング ……………… 91
　フーリエ変換 ……………… 159
　部分組織 ……………………… 39
　フラクタル …………………… 27
　フラクタル幾何学 …………… 24

へ 平滑 ………………………… 152
　ベイジアンネットワーク …… 140
　β 波 ……………………… 104
　ベクトル ……………… 123, 145
　ベクトル場 …………………… 12
　変曲点 ……………………… 143
　偏差平方和 …………………… 87
　偏差平方和の問題 …………… 81
　変量 ………………………… 78

《ま》

め メッシュ ……………………… 15

も モデルケース ………………… 89

《や》

ゆ ユークリッド空間 …………… 45
　有限要素法 …………………… 14
　ユニット ……………………… 57
　ゆらぎ ……………………… 101

よ 予測 ………………………… 152

《ら》

ら λ 値 ………………………… 135

り リピーター …………………… 98
　臨界状態 ……………………… 95
　臨界点 ……………………… 143

れ 列観測行列 …………………… 91

ろ 濾波 ………………………… 152

《わ》

わ 和集合 ………………………… 43

■著者略歴

和田　尚之（わだ・ひろし）

宮城県気仙沼生まれ、東京日本橋人形町で過ごす。
日本大学在学中渡米、UCBerkeley 教授 Garrett Eckbo 氏の事務所で環境論の
研究。また渡米中 UCLA 教授 Lawrence Halprin 氏、Harvard 大学教授 Robert
L.Zion 氏と関わり帰国後も影響を受ける。

大学卒業後、日本大学数理工学科登坂宣好教授の研究室で、環境分野での境界
要素法（積分方程式法）の研究。

1998年に長野県に活動拠点を移す。
2003年、信州大学大学院工学系研究科博士後期課程修了（2か年で飛び級学位
取得。奥谷 巌教授研究室：地域計画・交通論）。地元の大学で非常勤講師とし
て10年教鞭を取る。
その後、慶應義塾大学の武藤佳恭名誉教授・武蔵野大学データサイエンス学
部教授のもとで自然エネルギーを使った温度差発電（薪ストーブ発電による
LED イルミネーション）などで観光・地域のにぎわい化や機械学習の教育啓
蒙活動などを行っている。
　専門は地域学（自己組織化臨界状態理論）、数理学（データサイエンス・機
械学習）。
現在　技建開発（株）教育センター長。工学博士、技術士、1級建築士、専門
社会調査士。

［主な著書］

・「機械学習コレクション Weka 入門」工学社、2019 年 8 月 30 日
・「機械学習」と「AI」のはなし 工学社、2020 年 9 月 25 日
・実務のための「機械学習」と「AI」、2021 年 5 月 30 日

本書の内容に関するご質問は、
① 返信用の切手を同封した手紙
② 往復はがき
③ FAX (03) 5269-6031
　　（返信先の FAX 番号を明記してください）
④ E-mail　editors@kohgakusha.co.jp
のいずれかで、工学社編集部あてにお願いします。
なお、電話によるお問い合わせはご遠慮ください。

サポートページは下記にあります。

［工学社サイト］
http://www.kohgakusha.co.jp/

I/O BOOKS

「機械学習・AI」のためのデータの自己組織化

2022年 7 月 25 日　初版発行　ⓒ2022

著　者　　和田　尚之
発行人　　星　正明
発行所　　株式会社 工学社
〒160-0004 東京都新宿区四谷 4-28-20 2F
電話　　　（03）5269-2041（代）［営業］
　　　　　（03）5269-6041（代）［編集］
振替口座　00150-6-22510

※定価はカバーに表示してあります。

印刷：(株)エーヴィスシステムズ　　　　　　ISBN978-4-7775-2206-4